Educação a Distância *online*

COLEÇÃO TENDÊNCIAS EM EDUCAÇÃO MATEMÁTICA

Educação a Distância *online*

Marcelo de Carvalho Borba
Ana Paula dos Santos Malheiros
Rúbia Barcelos Amaral

4ª edição revisada pelos autores

autêntica

COORDENADOR DA COLEÇÃO TENDÊNCIAS EM EDUCAÇÃO MATEMÁTICA
Marcelo de Carvalho Borba – gpimem@rc.unesp. br

CONSELHO EDITORIAL
Airton Carrião/Coltec-UFMG; Arthur Powell/Rutgers University; Marcelo Borba/UNESP; Ubiratan D'Ambrosio/PUC-SP/USP/UNESP; Maria da Conceição Fonseca/UFMG

REVISÃO
Vera Lúcia De Simoni Castro

CAPA
Jairo Alvarenga Fonseca

DIAGRAMAÇÃO
Carolina Rocha

Borba, Marcelo de Carvalho

B726e Educação a distância online / Marcelo de Carvalho Borba , Ana Paula dos Santos Malheiros , Rúbia Barcelos Amaral . – 4. ed. – Belo Horizonte : Autêntica Editora , 2014.

160 p. — (Tendências em Educação Matemática, 16)

ISBN 978-85-7526-259-7

1.Educação. 2.Matemática. 3.Educação a distância. I.Malheiros, Ana Paula dos Santos. II. Amaral, Rúbia Barcelos. III.Título. IV.Série.

CDU 37
51:371.3

Ficha catalográfica elaborada por Rinaldo de Moura Faria – CRB6-1006

GRUPO **AUTÊNTICA**

Belo Horizonte
Rua Aimorés, 981, 8° andar . Funcionários
30140-071 . Belo Horizonte . MG
Tel.: (55 31) 3214 5700

São Paulo
Av. Paulista, 2.073, Conjunto Nacional, Horsa I . 23° andar, Conj. 2301 . Cerqueira César . 01311-940 . São Paulo . SP
Tel.: (55 11) 3034 4468

Televendas: 0800 283 13 22
www.grupoautentica.com.br

Agradecimentos

Agradecemos a todos os professores que participaram de nossas diversas experiências de Educação a Distância *online* (EaDonline) e também a todos os membros do GPIMEM, que, desde 1999, nos ajudam a pensar e pôr em prática questões sobre EaDonline. Embora o conteúdo deste livro seja de inteira responsabilidade de seus autores, agradecemos especialmente as críticas e as sugestões de Felipe Pereira Heitmann, Marcus Vinicius Maltempi, Mónica Villarreal, Nilza Bertoni, Ricardo Scucuglia, Sandra Malta Barbosa, Silvana Cláudia Santos e Telma Gracias.

Agradecemos a Helber Almeida pela participação na revisão feita quando da elaboração da quarta edição deste livro.

Agradecemos à FAPESP, ao CNPq, à Capes, ao SSHRCC (Canadá) e à Fundação Bradesco que, direta ou indiretamente, financiaram pesquisas aqui apresentadas.

Nota do coordenador

Embora a produção na área de Educação Matemática tenha crescido substancialmente nos últimos anos, ainda é presente a sensação de que há falta de textos voltados para professores e pesquisadores em fase inicial. Esta coleção surge em 2001 buscando preencher esse vácuo, sentido por diversos matemáticos e educadores matemáticos. Bibliotecas de cursos de licenciatura, que têm títulos em Matemática, não tinham publicações em Educação Matemática ou textos de Matemática voltados para o professor.

Em cursos de especialização, mestrado e doutorado com ênfase em Educação Matemática ainda há falta de material que apresente de forma sucinta as diversas tendências que se consolidam nesse campo de pesquisa. A coleção Tendências em Educação Matemática é voltada para futuros professores e para profissionais da área, que buscam de diversas formas refletir sobre esse movimento denominado Educação Matemática, o qual está embasado no princípio de que todos podem produzir Matemática, nas suas diferentes expressões. A coleção busca também apresentar tópicos em Matemática que tenham tido desenvolvimentos substanciais nas últimas décadas e que se possam transformar em novas tendências curriculares dos ensinos fundamental, médio e universitário.

Esta coleção é escrita por pesquisadores em Educação Matemática, ou em dada área da Matemática, com larga experiência docente, que pretendem estreitar as interações entre a Universidade que produz pesquisa e os diversos cenários em que se realiza a Educação. Cada livro indica uma extensa bibliografia na qual o leitor poderá buscar um aprofundamento em certa Tendência em Educação Matemática.

Neste livro os autores apresentam resultados de mais de oito anos de experiência e pesquisas em Educação a Distância *online* (EaDonline), com exemplos de cursos ministrados para professores de Matemática. Além de cursos, outras práticas pedagógicas como comunidades virtuais de aprendizagem e o desenvolvimento de projetos de modelagem realizados a distância são descritos. Ainda que os três autores deste livro sejam da área de Educação Matemática, algumas das discussões nele apresentadas, como formação de professores, o papel docente em EaDonline, além de questões de metodologia de pesquisa qualitativa, podem ser adaptadas a outras áreas do conhecimento. Neste sentido, esta obra se dirige àquele que ainda não está familiarizado com a EaDonline e também àquele que busca refletir de forma mais intensa sobre sua prática nesta modalidade educacional. Cabe destacar que os três autores têm ministrado aulas em ambientes virtuais de aprendizagem.

Marcelo C. Borba[*]

* É licenciado em Matemática pela UFRJ, mestre em Educação Matemática pela UNESP, Rio Claro, SP, e doutor nessa mesma área pela Cornell University, Estados Unidos. Atualmente é professor do Programa de Pós-Graduação em Educação Matemática da UNESP, Rio Claro, SP, programa do qual foi coordenador por mais de seis anos. É coordenador do grupo de pesquisa GPIMEM. Desenvolve pesquisas em educação matemática, metodologia de pesquisa qualitativa e tecnologias de informação e comunicação. Já ministrou palestras em 11 países. É também autor de artigos e livros no Brasil e no exterior. Participa de diversas comissões no âmbito nacional e internacional. Foi organizador de diversos eventos, entre os quais do Simpósio para comemoração dos cem anos do ICMI (Roma, 2008). Foi editor do BOLEMA, no período 2000-2007 e desde 2011 é editor associado do ZDM.

Sumário

Prefácio à terceira edição....................................11
Prefácio....................................13
Introdução....................................17
Capítulo I
Alguns elementos da Educação a Distância *online*....................................21
Algumas concepções de EaD....................................25
Colaboração na formação *online*....................................28
Capítulo II
Educação Matemática a Distância com *chat*....................................39
Em busca de um modelo....................................40
Problemas matemáticos no *chat*....................................46
Exemplos de funções....................................46
Exemplo de Geometria Espacial....................................55
Capítulo III
Educação Matemática a Distância com videoconferência......63
O contexto....................................63
A visualização na videoconferência....................................68
Problemas matemáticos na videoconferência....................................71
O caso da geometria....................................71
O caso das funções....................................83
Educação a Distância online em ação....................................87

Capítulo IV

Seres-humanos-com-internet..89

O aluno e as mídias em EaDonline..96

O professor e as mídias em EaDonline................................99

Capítulo V

Modelagem e EaDonline: o Centro Virtual de Modelagem....101

Modelagem Matemática e sua sinergia com as Tecnologias da Informação e Comunicação..102

Centro Virtual de Modelagem...105

Desenvolvimento de Projetos de Modelagem a Distância.......112

Metodologia de pesquisa em EaDonline................................118

A pergunta de pesquisa...120

A coleta de dados..121

A análise de dados...125

A revisão de literatura..128

Ambiente "natural" da internet...129

Capítulo VI

Atuação docente e outras dimensões em EaDonline............133

Questões para discussões...141

Possíveis relações entre EaDonline e formação de professor..141

Modelos de cursos *online*...142

Práticas virtuais em Educação...142

Metodologia de pesquisa *online*...142

Referências...143

Prefácio à terceira edição

A terceira edição do livro *Educação a Distância online* (EaDonline) foi revisada por nós, autores, a partir de questionamentos e sugestões feitos por estudantes de graduação, pós-graduação e pesquisadores profissionais. Incorporamos também sugestões enviadas por Anne Kepple, responsável pela tradução desta obra para o inglês pela Sense Publishers (Borba, Malheiros, Zulatto, 2010). A todas essas pessoas, que direta ou indiretamente contribuíram para o aprimoramento deste texto, os nossos sinceros agradecimentos.

Nesta nova edição, apresentamos resultados de quase uma década de experiências e pesquisas em EaDonline, com exemplos de cursos ministrados para professores de Matemática. Além de cursos, foram debatidas outras práticas pedagógicas como comunidades virtuais de aprendizagem e o desenvolvimento de projetos de Modelagem elaborados a distância. E embora novos exemplos não tenham sido inseridos, reformulamos/lapidamos alguns aspectos vinculados à sua descrição e análise, com intuito de clarear ao leitor as experiências por nós vivenciadas. Nesta edição conferimos e atualizamos todos os endereços digitais (URL) que indicavam páginas presentes em nossa discussão.

Revisar um livro é algo curioso, ao mesmo tempo queremos manter ideias centrais que o motivaram, mas ao relermos com cuidado, já notamos que a permanência concretizada pela escrita fixada na impressão já não mais se encontra em harmonia com o movimento, que nós como educadores e pesquisadores percorremos desde 2007, ano da publicação da primeira edição. Assim, modificamos várias descrições. Por outro lado, resistimos a tentação de escrever um novo livro, já que esse não era o objetivo apresentado pelas sugestões feitas por colegas que criticamente leram as duas primeiras edições.

Essa tarefa de revisar foi ainda mais complexa porque somos três e, portanto, a discrepância em relação ao livro escrito em 2007 variava de acordo com as experiências vividas por cada um. Uma das autoras inclusive trocou de nome. Ainda trabalhamos juntos, no GPIMEM, sediado em Rio Claro, SP, mas as duas autoras já pertencem a instituições diferentes daquelas que pertenciam então. Nos encontramos em tardes de sábado e outros horários inusitados para realizar essa revisão. Foram momentos de trabalho, mas também de prazer, que esperamos o leitor possa encontrar no texto.

Marcelo C. Borba, UNESP, Rio Claro, SP
Ana Paula dos Santos Malheiros, UNIFEI, Itajubá, MG
Rúbia Barcelos Amaral, UNICAMP, Limeira, SP
3 de março de 2011

Prefácio

Há muito encontro-me alinhada com autores que reivindicam obras que apresentem relatos de experiências coerentes com a teoria que seus autores postulam e defendem. Cheguei até a comentar em dois ou três artigos que escrevi que considero um dos problemas da educação brasileira a falta de um posicionamento claro dos educadores, quanto à tendência pedagógica que anunciam teoricamente e nem sempre concretizam na prática.

Quase todos os atores do processo educacional, se questionados, professam respostas que sempre conduzem ao jargão da moda: ensino crítico, construtivismo, sociointeracionismo, educação holística, complexidade, interdisciplinaridade, interatividade, aprendizagem colaborativa... Como se todas essas expressões não passassem de meras palavras de ordem, que devem ser utilizadas para se demonstrar que se está atualizado em relação às mais recentes pesquisas e teorias educacionais, sem que exista nenhum compromisso com a prática a elas relacionada.

Esta obra é exemplo cabal de que é possível preencher essa lacuna. Em seus relatos, os autores discorrem sobre experiências realizadas em cursos de formação de professores a distância *online*, mantendo coerência teórico-prática. E mais, fazem uma reflexão sobre a prática vivenciada.

Estudei e trabalhei em uma escola montessoriana, onde durante anos vivenciei uma situação de exercício constante para a manutenção da coerência entre teoria e prática. Claro que havia deslizes, pois assim como muito do que se sabe sobre como ser pai ou mãe decorre da experiência anteriormente vivenciada de ser filho ou filha, também a formação do professor decorre muitas vezes da experiência de ser aluno. Nessa escola a experiência anteriormente vivenciada pelos professores como alunos era quase sempre em escolas com abordagens tradicionais de ensino.

Quem conhece a proposta de Educação Matemática de Montessori vai entender por que valorizo a coerência entre a revisão teórica realizada e a prática descrita nos relatos de experiência deste livro.

Para além das considerações iniciais sobre a obra, outras qualidades vão evidenciando a sua riqueza. É o caso da discussão apresentada pelos autores sobre a questão dos processos de comunicação como condicionantes da aprendizagem.

Essa discussão reveste-se de muita pertinência pelo fato de a educação a distância nas universidades brasileira ter se desenvolvido na década de 1990, já sob a influência de um novo paradigma de comunicação. Essa mudança paradigmática determinou que um grande número de experiências e pesquisas se desenvolvesse no caminho da educação *online*.

O uso do *chat* na Educação Matemática está bem descrito no caso apresentado. Mais uma vez observei alguns fatores que comprovam a coerência entre teoria e prática de que falei anteriormente. O fato de os debatedores serem eleitos, além de permitir que os diversos atores envolvidos no processo vivenciassem a mudança de papéis – fator fundamental em um processo de aprendizagem colaborativo –, permitiu também a gestão de um processo democrático, pressuposto teórico de Dewey, um dos representantes da Escola Nova que influencia fundamentalmente a aprendizagem colaborativa.

Sem abandonar a perspectiva da coerência, os autores discutem a questão do "multiálogo" – termo cunhado por eles. O multiálogo ocorre com o uso do *chat*, que promove uma mudança do paradigma de comunicação interferindo no processo ensino-aprendizagem. A forma como cada aluno-professor interage em função de seu estilo de aprendizagem, saltando de uma questão para outra ou focando e aprofundando mais uma questão, interfere diretamente no papel do professor que mesmo que queira não consegue ser o único responsável pela verdade científica.

Muda o papel do professor pela impossibilidade de acompanhar tudo e fornecer *feedback*; ele não é mais o único responsável pelo princípio do acerto. A mudança de paradigma não ocorre facilmente, e muitas vezes os alunos-professores querem respostas, o que contraria o princípio de formação de sujeitos pesquisadores em uma proposta de aprendizagem colaborativa.

A justificativa para a necessidade de confirmação do acerto pelo professor pode ser encontrada na origem desses alunos-professores, que, na sua maioria, foram formados em escolas onde o princípio do acerto é muito valorizado, principalmente na área de Matemática, em que a máxima da "boa resposta", ou seja, da "resposta certa" para uma pergunta, é essencial.

Bem de acordo com a proposta colaborativa, os autores propuseram atividades abertas e de cunho exploratório. Verifica-se nos exemplos apresentados que o professor utilizou-se do princípio da maiêutica socrática para auxiliar os alunos-professores a buscar as respostas. Os exemplos permitem ainda confirmar a reflexão feita por alunos-professores sobre práticas pedagógicas, partindo da experiência vivenciada. A investigação, a pesquisa também está sempre presente, o que é fundamental em um processo de formação continuada.

A construção coletiva e a troca entre pares também aparecem claramente no debate quando duas alunas-professoras utilizam argumentos diferentes para elucidar a dúvida que estava posta para o grupo; uma delas busca uma imagem visual para auxiliar na compreensão de suas idéias, e a outra, fundamentos teóricos em um teorema. Outros atores do processo interferem e coletivamente o grupo constrói conhecimentos matemáticos.

A mídia videoconferência foi explorada de modo a permitir a ressignificação do erro. Por meio de um planejamento prévio e de questionamentos, os professores orientavam as discussões de forma a levar os alunos-professores a perceber seus erros e com eles construir novas significações e produzir novos conhecimentos.

As atividades exploratórias de resolução de problemas, nesta proposta de aprendizagem colaborativa, possibilitaram a participação ativa de todos no processo ensino-aprendizagem.

O entrelaçamento da teoria e da prática conduz a organização dos capítulos deste livro, pois em diversos momentos os autores retomam discussões teóricas. As concepções trazidas por eles sobre o papel do professor em processos de formação em EaDonline sobre a importância do planejamento e do domínio das ferramentas computacionais dão sustentação aos cursos de formação continuada. Mais de uma vez, são retomadas as discussões sobre o papel do computador na produção de conhecimentos matemáticos, sobre a internet e seu uso pedagógico, bem como o papel do professor na educação *online*.

A teoria e a prática estão imbricadas na discussão sobre Modelagem, EaDonline e a apresentação do Centro Virtual de Modelagem (CVM). E, de acordo com os autores, a pretensão desta obra é de que "algumas das discussões [...] apresentadas, como formação de professores, o papel docente em EaDonline, além de questões de metodologias de pesquisa qualitativa podem ser adaptadas a outras áreas de conhecimento".

Esta obra pode facilmente cumprir o que pretende. Seus meios? Relatos que articulam com maestria teoria e prática e que permitem uma transposição das metodologias aqui utilizadas para outras áreas do conhecimento.

Patrícia Lupion Torres, PUC/PR

Introdução

Educação a Distância, internet e "baixar arquivos" *online* são expressões que têm invadido nossa vida nos últimos anos. Para alguns, Educação a Distância (EaD) parece ser sinônimo de algo pernicioso, que deve ser banido para que a qualidade do ensino não seja afetada. Para outros, porém, pode ser a salvação ou até mesmo a forma como as vagas públicas das universidades serão, enfim, democratizadas. Neste livro vamos tentar fugir dessa cilada maniqueísta e apresentar exemplos e resultados de pesquisas sobre Educação a Distância *online* (EaDonline) em ação.

EaDonline pode ser entendida como a modalidade de educação que acontece primordialmente mediada por interações via internet e tecnologias associadas. Cursos e disciplinas cuja interação aconteça utilizando interfaces como salas de bate-papo, videoconferências, fóruns, etc. se encaixam nessa modalidade. Iremos, então, discutir como essa forma de educação assume contornos próprios e, em particular, como ela molda a Educação Matemática. Apresentaremos relatos do que pode ser denominado Educação Matemática *online*. Ao lidarmos com exemplos específicos da Matemática, ilustraremos como ela pode ser transformada ao ser trabalhada em ambientes virtuais.

Embora os autores deste livro sejam todos pesquisadores em Educação Matemática e a imensa maioria dos exemplos seja oriunda de cursos para professores, nos quais o foco era a Matemática ou a Educação Matemática, o leitor observará que a discussão poderá ser adaptada, de forma "situada", a outras áreas do conhecimento.

Entendemos que a educação em ambientes virtuais molda a participação de aprendizes e professores de forma análoga àquela feita pela sala de aula. Assim como Castells (2003), consideramos que a internet está impregnada de relações sociais, não só no tocante às interações de seres humanos que a utilizam, mas na própria forma como ela se distribui. Não é à toa que a internet banda larga chega com força aos centros econômicos e muitas vezes não chega aos bolsões de "Quarto Mundo" da periferia das grandes e médias cidades, ou à boa parte da zona rural que não tem poder de compra que justifique que a "lógica" do mercado leve fibras óticas até elas.

A necessidade de políticas públicas que saiam do papel para viabilizar a EaDonline é fundamental para que sejam supridas as imensas lacunas deixadas pela (falta de) lógica do mercado. Neste sentido, são bem-vindas isenções fiscais para computadores, mas é necessário que o dinheiro do Fundo de Universalização dos Serviços de Telecomunicações (FUST)[1] – seja de fato utilizado, inclusive para criar uma rede de fibras dedicadas à educação, conectando escolas e universidades do país.

Há anos Borba e Penteado (2001) já propuseram que o dinheiro desse fundo fosse utilizado para democratizar o acesso à internet. O seu crescimento na educação, e para outros fins, indica que teremos em breve gargalos de acesso. É necessário que seja criada uma rede própria que envolva fundos do FUST, paga por todos que usam o telefone, pelos governos estaduais e municipais. É necessário ainda que seja criticado o chamado "direito de passagem", pelo qual empresas que administram as estradas não permitem que fibras compradas com dinheiro público passem por elas. Caso novas privatizações, concessões

[1] Detalhes em: <http: / / www.anatel.gov.br / index.asp?link= / biblioteca / editais / fust / default.htm>.

ou algo do gênero aconteçam, é fundamental, no setor de transportes, que o "direito de passagem" continue com o governo, para que as concessionárias não cobrem quantias exorbitantes pelo direito de que todos tenham acesso à internet.

Acesso à informática em geral, e à internet, em particular, tem se tornado algo tão importante quanto garantir lápis, papel e livro para todas as crianças. Castells já propôs que a divisão entre Primeiro, Segundo e Terceiro Mundo vai ser superada por aquela que cria "Quarto Mundo" em todos as regiões do planeta. O imenso acúmulo de capital por algumas empresas e a falta de acesso à internet e às riquezas em geral, que ainda persistem, são apenas alguns ingredientes da "guerra civil" que já toma conta de boa parte das cidades brasileiras.

Não se trata de propor que o acesso à internet resolverá os problemas de desigualdade que se acumulam em países como Brasil há séculos, ou há décadas, dependendo da ótica que se queira tomar, mas, sim, de entender que ele é análogo ao que representou o acesso à escola no passado, e ainda hoje representa quando se pensa no ingresso à escola de qualidade.

Mas ter o acesso só não basta, já que podemos tê-lo e não compreendermos como processos educacionais se dão quando a atriz internet se torna algo mais do que mera coadjuvante. Nesse sentido, temos que saber como lidar com ela no contexto educacional. Por exemplo, é necessário que vejamos que interações como o multiálogo, proposto por Gracias (2003), muda a "etiqueta" do que é visto como correto na interação entre professores e alunos em uma sala de aula virtual baseada em um *chat*, já que nesse caso várias pessoas podem se expressar ao mesmo tempo. Essas ideias, baseadas em reflexões iniciais sobre nossas experiências e pesquisas em Educação a Distância *online*, ganham força neste livro ao analisarmos como que o texto escrito, natural ao *chat*, modifica a Matemática produzida por participantes de cursos a distância que utilizam essa interface como protagonista principal. Será que ela modifica a Geografia, a Física, a Biologia, as Artes, entre outras áreas do conhecimento, aprendida pelos estudantes?

A resposta à pergunta acima não cabe neste livro. Por outro lado, mostraremos dados e análises de como os que encararam novas formas de comunicação estão vivenciando a formação continuada de professores. Mostraremos como que cursos a distância podem apontar caminhos que aproximem a prática cotidiana do professor em sua sala de aula, além da reflexão sobre esta, no âmbito de problemas propostos a eles e por eles em cursos em que se valorizam também as vozes que vêm da prática.

É claro que há diferentes modelos de práticas em ambientes virtuais. A internet é símbolo da diversidade e quase tudo pode nela ser encontrado, inclusive os que tentam reproduzir neste ambiente atividades semelhantes àquelas já desenvolvidas em ambientes tradicionais de educação. Assim, da mesma forma que há aqueles que "copiam" o livro na lousa, há os que veem a EaDonline como um mero "baixar de arquivos" de um página da rede mundial de computadores. Nesse tipo de modelo, a interação com o docente não é privilegiada, a não ser através de perguntas e respostas já prontas e armazenadas em um banco de dados de FAQ (*Frequently Asked Questions*). Esse modelo tem o atrativo do custo como central, mas dificilmente se adapta à aprendizagem de Matemática ou de outras áreas em que o debate seja essencial, embora possa muito bem listar passos sobre como montar um apiário, por exemplo. A colaboração também pode ser destacada como elemento fundamental à EaDonline, na medida em que acreditamos que a aprendizagem ocorre de maneira multidirecional e não apenas no sentido professor-aluno ou aluno-aluno.

Este livro lidará então com a discussão sobre EaDonline, formação de professores, sobre como que a Matemática se transforma com a internet, com base em exemplos que ilustram essas possibilidades em diferentes modelos de cursos. Mais ainda, tentaremos dar ao leitor a sensação de vivenciar um dos diversos cursos a distância de que já participamos, ou mesmo de uma comunidade virtual que não tem a estrutura de curso. E, se o leitor ainda não participou de nenhuma dessas possibilidades, achamos que o livro ajuda, mas não substitui, a experiência de participar de uma lista de discussão, de um curso ou de uma comunidade virtual constituída por um interesse específico.

Capítulo I

Alguns elementos da Educação a Distância *online*

Ao pensarmos em EaDonline em nosso grupo de pesquisa, GPIMEM,[1] algumas questões vêm à tona, entre elas: "Como ocorre o processo de ensino e aprendizagem? Qual o papel do professor nessa modalidade de educação? Como que diferentes interfaces modificam as interações entre participantes?" Essas perguntas serão respondidas ao longo deste livro, mas acreditamos ser importante, inicialmente, uma breve retrospectiva histórica da Educação a Distância (EaD) em nosso país e a caracterização de algumas perspectivas daqueles que, como nós, pesquisam nesta área.

Partimos da classificação elaborada por Vianney *et al.* (2003), que realizaram um estudo longitudinal da EaD no Brasil, que aponta suas três gerações. A primeira delas surgiu em 1904, com o ensino por correspondência, com ênfase na educação profissional em áreas técnicas, como formação em marcenaria, cursos comerciais radiofônicos, entre outros.

A segunda geração de EaD foi demarcada pelo surgimento dos cursos supletivos, nas décadas de 70 e 80, em que as aulas aconteciam usualmente por satélite, e os alunos recebiam material impresso para o estudo. Entre os recursos usados para a comunicação, encontravam-se o rádio, a televisão e fitas de áudio e até fitas de vídeo em momentos isolados.

---

[1] Grupo de Pesquisa em Informática, outras Mídias e Educação Matemática. <http://www.rc.unesp. br/gpimem>. Acesso em: 31 mar. 2014.

Em 1996, após dois anos da expansão da internet no ambiente universitário, oficializou-se a primeira legislação específica na área de EaD no ensino superior. Essa expansão deu início à 3ª Geração da EaD, "que vem se estruturando às custas de uma tecnologia avançada" (Torres, 2004, p. 31).

Essa geração tem se fortalecido com a legislação. Fragale Filho (2003, p. 13) explica:

> Vista com desconfiança, tratada como uma forma supletiva ou complementar do ensino presencial, ela foi quase ignorada nas preocupações legislativas relativas à regulamentação da educação no Brasil. No entanto, com o surgimento de novas tecnologias, rompem-se as barreiras que tornam sua ampliação possível, proporcionando um aumento de oferta sem precedentes e introduzindo sua regulamentação na agenda legislativa.

Dessa forma, tratar de questões que envolvem a regulamentação, como distinguir a EaD da educação presencial, quais os procedimentos necessários para definir e avaliar as práticas, tornou-se um desafio para os formuladores da política pública educacional, "quando eles se vêem compelidos a elaborar, aprovar e implementar propostas legislativas para o setor" (Fragale Filho, 2003, p. 13).

A Lei 9.394, de 20 de dezembro de 1996 (LDB), procurou apresentar metas quantitativas e qualitativas a serem alcançadas no âmbito da EaD, deixando de tratá-la como projeto experimental (Lobo, 2000). Dos poucos artigos referentes à EaD, o parágrafo 4º do art. 80 assegura que

> [...] a EaD gozará de tratamento diferenciado, que incluirá: I) custos de transmissão reduzidos em canais comerciais de radiodifusão sonora e de sons e imagens; II) concessão de canais com finalidades exclusivamente educativas; III) reserva de tempo mínimo, sem ônus para o Poder Público, pelos concessionários de canais comerciais.

E esse artigo ainda afirma que a EaD só poderia ser oferecida por instituições credenciadas pela União, cabendo a esta regulamentar os requisitos necessários para a realização de exames e registro de diplomas. Assim sendo, enquanto não fossem regulamentados esses aspectos, as demais disposições permaneceriam sem efetivação (Lobo, 2000).

O Decreto 2.494, de 10 de fevereiro de 1998, avançou um pouco mais, regulamentando o art. 80 da LDB e definindo a EaD como

> [...] uma forma de ensino que possibilita a autoaprendizagem, com a mediação de recursos didáticos sistematicamente organizados, apresentados em diferentes suportes de informação, utilizados isoladamente ou combinados, e veiculados pelos diversos meios de comunicação.

O que se percebeu, atenta Fragale Filho (2003), foi que, na verdade, o art. 80 da LDB não explicitou claramente o conceito legislativo de EaD, mas procurou apontar quem poderia oferecê-la e indicou a forma como deveriam ser estruturados os mecanismos de controle. Nessa direção, questionamos o que se entende por "autoaprendizagem". Acreditamos que o aluno, ao optar por uma formação a distância, terá que assumir grande responsabilidade pelo seu aprendizado, caracterizada pela *autonomia* e pela *disciplina* por alguns autores, especialmente quando o tempo é flexível. No entanto, consideramos relevante salientar que o acompanhamento do aluno, especialmente em processos de formação formal, é fundamental para o seu desenvolvimento.

Ainda sobre o decreto, ficou determinado que todas as instituições credenciadas para oferecer EaD poderiam fazê-lo seguindo os critérios estabelecidos dois meses depois, no art. 2º da Portaria 301, de 7 de abril de 1998.

Em 18 de outubro de 2001, foi outorgada a Portaria 2.253, que faculta o desenvolvimento de disciplinas não presenciais em cursos de graduação presenciais reconhecidos, mesmo que a instituição não esteja credenciada para oferecer EaD. De acordo com essa portaria, as disciplinas poderiam ser realizadas em parte, ou na sua totalidade, utilizando-se de recursos não presenciais, no limite de 20% da carga horária prevista para o desenvolvimento de todo o currículo do curso. Segundo Fragale Filho (2003, p. 20), essa "portaria acabou criando um patamar numérico que, uma vez ultrapassado, transforma um curso presencial em não-presencial, ou seja, a distância". E analisando essa possibilidade, nota que

> [...] isso quer dizer que trata a oferta parcial de conteúdos não-presenciais sob a rubrica do experimentalismo, não a incluindo, em sentido estrito, no universo relativo à EaD, o que é uma pena, já que o próprio PNE[2] recomenda a busca de uma clara articulação entre ensino presencial e não-presencial. (Fragale Filho, 2003, p. 20)

Em 19 de dezembro de 2005, foi outorgado o Decreto 5.622, que traz, no art. 1º, um novo conceito de EaD:

> Caracteriza-se a educação a distância como modalidade educacional na qual a mediação didático-pedagógica nos processos de ensino e aprendizagem ocorre com a utilização de meios e tecnologias de informação e comunicação, com estudantes e professores desenvolvendo atividades educativas em lugares ou tempos diversos.

Além disso, ainda são exigidos momentos presenciais para a avaliação dos estudantes; estágios obrigatórios e defesa de trabalhos de conclusão de curso, quando previstos na legislação pertinente; e atividades relacionadas a laboratórios de ensino. Explicita também os níveis de ensino aos quais a EaD poderá ser oferecida e ressalta que "os cursos e programas a distância deverão ser projetados com a mesma duração definida para os respectivos cursos na modalidade presencial".

Outros aspectos ainda foram abordados nesse decreto, o que mostra uma preocupação normativa com as questões relacionadas à EaD. Alguns pontos certamente ainda deverão ser tratados, mas esses aparecerão a partir das experiências realizadas nessa modalidade.

---

[2] PNE – Plano Nacional de Educação.

Algumas concepções de EaD

O ensino presencial está enraizado em nossa vida. A ele se associa a prática desenvolvida de forma unicamente presencial, através de encontros físicos entre as pessoas envolvidas no processo. Há, portanto, dia, local e hora determinados e, usualmente, fixos (MORAN, 2002).

Por outro lado, quais são as principais características da EaD? Para Torres (2004, p. 60), essa é uma

> [...] forma sistematizada de educação que se utiliza de meios técnicos e tecnológicos de comunicação bidirecional/multidirecional no propósito de promover a aprendizagem autônoma por meio da relação dialogal e colaborativa entre discentes e docentes eqüidistantes.

A separação entre professor e aluno em espaço e/ou tempo; o controle do aprendizado realizado com maior intensidade pelo aluno; e a comunicação mediada por documentos impressos ou alguma forma de tecnologia são as características principais da EaD para Gonzalez (2005).

Para Moran (2002, p. 1), "a educação a distância pode ter ou não momentos presenciais, mas acontece fundamentalmente com professores e alunos separados fisicamente no espaço e/ou no tempo, mas podendo estar juntos através de tecnologia de comunicação". Essa é a concepção que assumimos. Assim, o foco não está na quantidade de horas presenciais, mas na possibilidade de interação a distância entre os atores do processo, mediante a tecnologia. Aproximar pessoas geograficamente distantes, possivelmente abrindo espaço à troca entre culturas diferentes, é o fator central que define essa modalidade de ensino.

A internet abriu um leque de possibilidades para os cursos oferecidos a distância, mudando a forma de pensar e fazer EaD, e o grau de interação entre professor e aluno diferencia os modelos existentes, segundo Valente (2003a, 2003b).

Há propostas denominadas "um-para-um", em que o material é disponibilizado, em formato semelhante a um livro, para o estudo individual do aluno, que não tem nenhum (ou pouco) contato com o professor. Posteriormente, há uma avaliação por um teste padrão. Nesse caso, a internet é fonte de informações e cabe ao aluno transformá-las em conhecimento. Cursos como esse atendem a uma grande quantidade de estudantes e costumam gerar lucro para os seus organizadores. Se pensarmos a formação continuada de professores, podemos afirmar que esse tipo de curso não privilegia o papel da interação no desenvolvimento profissional dos professores. Essa abordagem se aproxima do que Valente denomina de *broadcast*.

Outras propostas se definem valendo-se de uma interação que se realiza de forma semelhante à sala de aula presencial tradicional, em que o professor apresenta atividades que são desenvolvidas e retornadas pelos alunos. Grande parte da interação se restringe à troca de perguntas e respostas de eventuais dúvidas, numa relação conhecida como "um-para-muitos". Algumas experiências em EaD têm se desenvolvido dessa forma, como uma adaptação da aula presencial, com uma nova roupagem, embora possam ser consideradas precocemente obsoleta para os dias atuais. Valente a chama de *virtualização da escola tradicional*.

Na abordagem "muitos-para-muitos", a interação acontece de forma mais intensa, de modo que há possibilidade de *feedback* rápido pela internet, em atividades síncronas e assíncronas, que permite a comunicação tanto entre professor-aluno como entre aluno-aluno. Nesse cenário, o professor atua de modo a acompanhar constantemente os alunos, propondo-lhes desafios e instigando a participação do grupo, ao que Valente denominou *estar junto virtual*[3].

Antes de essas classificações se tornarem difundidas, autores como Borba e Penteado (2001) já discutiam que uma mídia, como a internet, não poderia ser domesticada, no sentido de que se deveria tirar proveito das novas possibilidades

---

[3] Nesse mesmo sentido, outros autores fazem classificações semelhantes, como Peters (2002), que classifica esses paradigmas como da www (eu-sozinho), do e-mail (um-a-um), da BBS (um-a-muitos) e da teleconferência (muitos-a-muitos).

dela. Apoiados em experiências prévias com usos de software em ambientes presenciais (Borba, 1999a), Borba e Penteado propunham cursos a distância com forte ênfase na interação, explorando todas as possibilidades nesse sentido. É assim que apontam um modelo de curso, desenvolvidos desde 2000, apoiado em salas de bate-papo, em correio eletrônico e correio usual. Esse modelo vem sendo expandido e transformado desde então, incorporando outras interfaces como fórum e videoconferência, com o auxílio de comunicadores instantâneos e celulares para as emergências, e sempre mantendo a ênfase na comunicação entre os participantes da mesma.

Independentemente do modelo de proposta adotada, são necessários meios tecnológicos para viabilizar a comunicação. Estes são comumente denominados Ambientes Virtuais de Aprendizagem (AVA) e se constituem de um cenário no qual, dependendo dos recursos existentes, o ensino e a aprendizagem podem ocorrer de maneira qualitativamente diferenciada. Ao se utilizar, por exemplo, AVA que dispõem de recursos como áudio e vídeo, as possibilidades são diferentes daqueles nos quais a interação ocorre apenas pela escrita, por meio de um *chat*.

Como recursos de comunicação assíncrona, podemos mencionar listas de discussão, *portfolios* e fóruns, que permitem que os alunos expressem suas ideias, dúvidas e dividam suas soluções dos problemas propostos, cada um no seu tempo disponível. Com os recursos de interação síncrona, como *chat* ou videoconferência, é possível compartilhar ideias em tempo real, mesmo que as pessoas não estejam no mesmo espaço físico.

Acreditamos que as interações síncronas e assíncronas são importantes em EaDonline, desde que exista colaboração entre os participantes. Para nós, a interação diferencia qualitativamente a natureza da aprendizagem, de acordo com sua intensidade e qualidade, e o currículo deve ser organizado levando em consideração as possibilidades das mídias utilizadas.

Segundo a caracterização feita por Belloni (2003), o conceito de interação é de cunho sociológico, num processo em que estão presentes pelo menos dois atores humanos, que, por sua vez, se relacionam de forma simultânea (ou seja, de modo síncrono) ou em tempo diferido (assíncrono). É um fenômeno elementar das relações humanas, entre as quais podemos mencionar as relações educacionais. Dessa forma, *interação* difere de *interatividade*, uma vez que esta última se associa à possibilidade de interagir com uma máquina.

Tomando tanto o conceito de interação quanto o de interatividade, notamos que as Tecnologias da Informação e Comunicação (TIC) têm ampliado as possibilidades no âmbito da EaDonline. Com programas cada vez mais avançados, interfaces modernas e possibilidades de *feedbacks* rápidos, além da gama de hipertextos disponíveis na internet, a interatividade tem se intensificado. No entanto, essa interatividade muitas vezes se limita à relação entre aluno e conteúdo, por meio do acesso às informações contidas em CD-ROMs e *sites* ou sítios da rede, por exemplo.

A interação via internet, por sua vez, permite combinar as várias possibilidades da interação humana, no que diz respeito aos softwares e as interfaces, com a liberdade referente ao tempo e/ou ao espaço. Nesse contexto, encontram-se as relações entre o aluno e os diversos elementos que compõem o cenário educativo, como o conteúdo, o professor, outros alunos, a instituição de ensino, etc.

Dessa maneira, a ausência física do professor é compensada por uma comunicação intensa, que limita a possibilidade do aluno se sentir sozinho, isolado. Para tanto, suas dúvidas são esclarecidas em curto espaço de tempo, e sua participação é constantemente incentivada.

Para Silva (2003a), a possibilidade de interação não é simplesmente mais um produto da era digital, e, sim, um novo paradigma comunicacional que tende a substituir o da transmissão, usual na comunicação com mídias de massa. A interação demanda um repensar sobre as mídias clássicas e um redimensionamento do papel dos atores envolvidos no processo.

Colaboração na formação online

Com o avanço da internet, as propostas em EaDonline têm dado ênfase ao processo dialógico, possibilitado pelas ferramentas disponíveis na rede que permitem a comunicação em tempo real ou diferido. De todo modo, Silva (2003b) nos chama a atenção para o fato de que, para efetiva interação em um curso a distância, é necessário que esse satisfaça pelo menos três aspectos fundamentais. Um deles é a participação colaborativa, o qual se entende pela participação que não se limita a responder "sim" ou "não", mas procura intervir no processo de comunicação, tornando-se cocriador da emissão e da recepção. Outro se refere à bidirecionalidade e à própria relação dialógica, visto que a comunicação que se desenvolve em um curso deve ser produção conjunta dos alunos e do professor, que participam da emissão e da recepção e são polos que codificam e decodificam. A existência de conexões em teias abertas é o outro aspecto, que busca destacar que a comunicação supõe múltiplas redes que se articulam e possibilitam a liberdade de trocas, associações e significações.

Consideramos esses aspectos importantes e, próximos do *estar junto virtual* de Valente, nossas experiências em EaDonline têm suas propostas estruturadas, desde 2000, na concepção de que a **interação**, o **diálogo** e a **colaboração** são fatores que condicionam a natureza da aprendizagem, uma vez que acreditamos que a qualidade da EaDonline está diretamente relacionada a eles, os quais resultam na qualidade da participação dos envolvidos durante o processo de produção do conhecimento.

Quando o foco é a aprendizagem matemática, a interação é uma condição necessária no seu processo. Trocar ideias, compartilhar as soluções encontradas para um problema proposto, expor o raciocínio, são ações que constituem o "fazer" Matemática. E, para desenvolver esse processo a distância, os modelos que possibilitam o envolvimento de várias pessoas têm ganhado espaço, em detrimento daqueles que focalizam a individualidade.

Nesse sentido, o diálogo é visto como um processo de descoberta, influenciado pelo fazer coletivo e compartilhado. Assim, ele não se constitui apenas como mero ato das pessoas se comunicarem, mas da profundidade e riqueza desse ato. O diálogo é um processo que vai além de uma simples conversa (Alrø; Skovsmose, 2006). Para a produção de conhecimento, é preciso perceber a importância das pessoas expressarem suas opiniões, compartilharem experiências e sentimentos como insegurança, medo e dúvida. Da mesma forma, é preciso saber valorizar a participação do outro, ouvindo com respeito o que é socializado.

Freire (2005) chama a atenção de que não é no silêncio que as pessoas se fazem, mas, entre outros fatores, na palavra. Para ele, o diálogo está embasado no encontro de seres humanos para a tarefa comum de saber agir, mediatizados pelo mundo, e se impõe como caminho pelo qual eles ganham significação enquanto pessoas. Dessa forma, não se pode reduzi-lo "ao ato de depositar idéias de um sujeito no outro, nem tampouco tornar-se simples troca de idéias a serem consumidas pelos permutantes" (p. 93).

Também não pode ser uma guerra entre pessoas que querem impor *suas* verdades, ao invés de buscá-las conjuntamente. "A conquista implícita no diálogo é a do mundo pelos sujeitos dialógicos, e não a de um pelo outro. [...] A educação autêntica não se faz de 'A' *para* 'B', ou de 'A' *sobre* 'B', mas de 'A' *com* 'B'" (p. 93, grifos do autor). Assim, o ato dialógico não pode ter posições arrogantes, o que requer humildade, ressalta Freire. E também "não há diálogo verdadeiro se não há nos seus sujeitos um pensar verdadeiro. Pensar crítico. [...] Sem o diálogo não há comunicação e sem esta não há verdadeira educação" (p. 97-98).

Alrø e Skovsmose (2006) afirmam que a qualidade da aprendizagem está intimamente ligada à qualidade da comunicação. As relações entre as pessoas são fatores cruciais na facilitação da aprendizagem, uma vez que aprender é um ato pessoal, mas é moldado em um contexto das relações interpessoais, e o diálogo, como meio de interação, possibilita o enriquecimento mútuo entre as pessoas.

Ideias como essa, relativas à importância de relações dialógicas, já habitam a educação há tempos como mostra o seminal trabalho de autores como o próprio Paulo Freire e, em Educação Matemática, o de Bicudo (1979), os quais se tornam altamente relevantes no cenário da EaDonline, já que a comunicação, síncrona ou assíncrona, tem que estar permeada dessa noção mais profunda de diálogo, no qual os participantes envolvidos se abrem um para os outros da forma permitida pelas interfaces disponíveis em um dado ambiente virtual.

Considerando a colaboração como parte do processo interativo, professor e alunos devem atuar como parceiros entre si no processo de aprendizagem matemática. Diferentemente da cooperação, não há apenas o auxílio ao colega para a realização de alguma tarefa. Autores como Fiorentini (2004), Hargreaves (2001), Kenski (2003), Miskulin *et al.* (2005), Guérios (2005) e Nacarato (2005) pontuam acerca de questões que envolvem a colaboração em diferentes aspectos e enfatizam que, num processo colaborativo, todos têm participação ativa. A realização de atividades acontece de forma coletiva, de modo que a tarefa de um complementa a do outro, visto que, na colaboração, todos visam a atingir objetivos comuns, trabalhando conjuntamente e se apoiando mutuamente para isso.

Quando um grupo se desenvolve colaborativamente, seus membros não estão interessados em executar tarefas e realizar ações de seu próprio interesse, mas estabelecem metas comuns, permeadas pela reciprocidade. Ferreira e Miorim (2003, p. 17) notam que "colaborar é co-responsabilizar-se pelo processo. É ter vez, ter voz e ser ouvido, é sentir-se membro de algo que só funciona porque todos se empenham e constroem coletivamente o caminho para alcançar os objetivos".

A opção de pertencer a um grupo é influenciada pela identificação da pessoa com seus integrantes, além da possibilidade de compartilhar problemas, experiências e objetivos comuns. A confiança é um ingrediente básico para a constituição de um grupo em que a criação de relações de trabalho em colaboração seja significativa, e essa confiança é pautada no diálogo, na lealdade e na reciprocidade nos momentos de tomada de decisão.

A colaboração é determinada pela vontade interna de cada indivíduo de querer trabalhar junto com o outro, de desejar fazer parte de um determinado grupo. Dessa forma, as relações tendem a ser espontâneas, voluntárias, orientadas para o desenvolvimento, difundidas no tempo e no espaço e imprevistas.

Em contrapartida, trocar experiências, compartilhar soluções de problemas propostos, atuar junto não implica pensar de maneira uniforme. É um ambiente de contribuição, em que se somam as individualidades na busca de um benefício coletivo. E o coletivo não é necessariamente sinônimo de maciço e uniforme, pois, enquanto grupo, respeita a individualidade de seus membros de modo que, a partir de suas diferenças, produzem e crescem juntos.

Na heterogeneidade são estabelecidas diferentes formas de relação entre os pares, que, ao desenvolverem tarefas em grupo, precisam gerenciar conflitos, propor alternativas, rever conceitos, posicionar-se, dividir afazeres, reelaborar ideias, etc. Assim, um grupo colaborativo pode promover a troca e a aprendizagem sem perder a individualidade de cada um, sem culminar numa perspectiva única e uniforme.

Esse processo não impede que cada participante tenha o seu ponto de vista e distintos interesses, apontando diferentes contribuições, com base em diferenciados níveis de participação. Ademais, colaborar não implica que todos participem da mesma forma. Cada um enuncia sua voz do lugar onde cada um ocupa, mas todos trabalham juntos. Sabemos que professor e aluno têm papéis distintos no processo de aprendizagem, e o que queremos ressaltar é que cada um, à sua maneira, pode participar ativamente ao longo de todo o processo.

Do ponto de vista da formação do professor, experiências em cursos a distância, como as analisadas por Gracias (2003), Bairral (2005) e Zulatto e Borba (2006), têm mostrado que o compromisso e a colaboração fluem quando os interesses individuais são respeitados e valorizados, uma vez que esses fatores influenciam significativamente a qualidade da discussão em um AVA.

O apoio mútuo entre seus membros é um fator fundamental de sobrevivência de um ambiente colaborativo. O respeito aos saberes conceituais e às experiências de cada professor em formação, assim como em relação às suas dificuldades, são imprescindíveis para o processo de aprendizagem. É preciso que o professor perceba sua prática valorizada e sinta o apoio efetivo dos colegas e do formador ao tentar encontrar, colaborativamente, a solução de um problema ou de uma dúvida.

Nesse contexto, os membros de um grupo colaborativo assumem papéis de protagonistas ao se tornarem atores que produzem conhecimento, que aprendem e também ensinam e não se limitam a meros fornecedores de informações e materiais. São diferentes vozes, posicionamentos e experiências compartilhadas que podem contribuir para a melhoria da prática docente. A colaboração entre professores demanda sinergia do grupo de forma que a produção de conhecimentos caminhe ao lado do desenvolvimento pessoal e profissional de seus membros.

Consideramos a formação, do professor em particular, como um movimento processual, o que se justifica por nosso entendimento de que os movimentos de formação formal são pontuais, enquanto sua reação é não pontual, uma vez que os momentos formais fertilizam a prática docente do professor, impulsionando-os a novos fazeres. Dessa forma, é como se a cada ação imediata (pontual) correspondesse uma reação não apenas imediata (não pontual). Assim, os efeitos de uma formação formal são refletidos em todo o processo profissional do professor, entremeados por outras reações provocadas por outras vivências, formais ou não, que vão tomando significado quando refletidas na prática docente.

Conhecimentos produzidos em momentos formais de formação interagem com a vida do professor, nas dimensões profissional e pessoal, e devem produzir um movimento interior que provoque no docente um processo de transformações. Entendemos que a formação continuada é um transcurso que pode ser interpretado "como um único e contínuo caminhar, o que nos leva a conjecturar que nesse caminhar, transformações vão ocorrendo, provocadas pela interação entre etapas formais de formação e a experiencialidade, na dinâmica do cotidiano coletivo" (Guérios, 2005, p. 136).

Pensar a formação continuada do professor deve, então, considerar aspectos relevantes de sua experiência profissional, fazendo com que o professor reflita de forma constante e criticamente sobre sua prática. E os processos de formação podem se constituir de espaço para essa reflexão, além de impulsionar o professor a desenvolver sua capacidade de intuir, levantar hipóteses, refletir, analisar, organizar, etc.

Com essa perspectiva, o trabalho colaborativo pode se tornar um cenário importante para o desenvolvimento profissional dos professores, de forma que o grupo passa a ter papel fundamental nos processos de produção de saberes e de reflexão. Essa apropriação ou internalização, no entanto, é um processo individual, que não depende apenas dos momentos compartilhados, mas também do desenvolvimento profissional de cada um.

Nesse sentido, assim como Perez *et al.* (2002), acreditamos em uma formação continuada na qual são elementos cruciais a ***reflexão*** sobre a prática pedagógica e a ***colaboração*** e ***discussão*** entre os professores, e que possa proporcionar ao docente condições de enfrentar, individual e coletivamente, situações de aprendizagens novas e de tipos diferentes. Entendemos, conforme ilustraremos mais à frente, que a EaDonline traz novas possibilidades de educação continuada, seja na forma de cursos, seja na forma de comunidades virtuais voltadas para a troca. Consequentemente, o professor pode, sem se deslocar de seu ambiente de trabalho, interagir com colegas e especialistas que se encontram em diversos pontos do Brasil e do mundo.

Para tanto, o desenvolvimento profissional do professor e a prática reflexiva se tornam os principais elementos que direcionam a formação continuada, de forma a considerar o professor como sujeito de sua formação, levando-o a perceber a importância da sua prática docente no processo de desenvolvimento profissional.

A formação continuada pode ainda se constituir de um processo que amplia as condições de troca de experiências, de busca de inovações e de soluções para os problemas que emergem do cotidiano escolar. Tomar a experiência dos professores como ponto de partida da formação continuada não implica negar o saber produzido pelas ciências da educação, mas considerar, sim, a prática como ponto de partida e chegada do processo de formação. Dessa forma, momentos formais de educação se tornam espaço para reflexão.

Nas experiências de formação continuada (presencial ou a distância) que organizamos no GPIMEM, estivemos atentos a essas considerações e procuramos propiciar um ambiente de troca que culminasse em um processo de formação (e aprendizagem) colaborativa. Atuamos com essa perspectiva por influência da nossa concepção sobre o papel do professor em processos de formação, especialmente nos cursos de EaDonline.

Silva nos alerta que o professor precisa preparar-se para "professorar" em EaDonline. Ele apresenta esse termo ao falar da prática de ser docente e do seu papel fundamental nesse ambiente:

> Em lugar de ensinar meramente, ele [o professor] precisará aprender a disponibilizar múltiplas experimentações e expressões, além de montar conexões em rede que permitam múltiplas ocorrências. Em lugar de meramente transmitir, ele será um formulador de problemas, provocador de situações, arquiteto de percursos, mobilizador da experiência do conhecimento. (Silva, 2003b, p. 12)

Podemos ver que, na citação acima, há várias características que desejaríamos também para o professor da sala de aula presencial. Para autores como Maia (2002), não há diferença entre o professor que atua presencialmente ou a distância. Parte-se do princípio de que ambos devem ter características básicas necessárias ao desempenho do papel docente, isto é, devem tomar como premissa a vontade de compartilhar um determinado conhecimento com um grupo de alunos e, para tanto, sua atenção deve estar centrada na aprendizagem, de modo a estruturar uma proposta pedagógica que inclua aspectos relevantes como o meio comunicacional, a metodologia, entre outros.

É possível dizer, então, que o profissional é o mesmo. Um professor que leciona em cursos presenciais pode atuar em cursos a distância também. No entanto, tem de estar atento para sua prática docente que, focada na aprendizagem, precisa se diferenciar para adaptar-se a um novo ambiente e a uma nova proposta pedagógica, que requer uma metodologia de trabalho diferente daquela da aula presencial. Para alguns autores, essas mudanças exigem uma postura característica, que dá vida a um "novo profissional", que, segundo Kenski (2003, p. 143), "precisa agir e ser diferente no ambiente virtual. Essa necessidade se dá pela própria especificidade do ciberespaço, que possibilita novas formas, novos espaços e novos tempos para o ensino, a interação e a comunicação entre todos". Destaca que sua competência deve deslocar-se no sentido de incentivar a aprendizagem e o pensamento, tornando-se o *animador* que incita os alunos à troca de saberes e a guiar, de forma personalizada, os percursos da aprendizagem. É importante que proponha tarefas, estabeleça os textos para leitura, etc., para que o aluno possa sentir sua presença, mesmo estando em um ambiente virtual.

Desse modo, é o professor que continua a definir o conteúdo do curso e a conduzi-lo ou, dependendo do caso, a empresa que administra o curso (presencial ou *online*), que tira do professor tal direito. Numa perspectiva pedagógica diferenciada, porém, na qual há a possibilidade de que os alunos explorem o conteúdo de forma colaborativa, ou que busquem seus interesses, a estrutura curricular e o professor não podem ser rígidos. Dessa forma, a comunicação não acontece em mão única, do professor para o aluno, mas em várias direções, entre aluno-aluno, aluno-alunos, professor-aluno e professor-alunos.

Prado e Almeida (2003) têm vivenciado algumas experiências em formação continuada e atentam que o papel do professor não é especificamente o de detentor de informações, mas principalmente o de orientador e parceiro na aprendizagem, considerando as ideias e as particularidades dos alunos. Assim, é preciso que ele assuma diferentes papéis, como o de mediador, observador e articulador: "Sua função principal é de **orientar a aprendizagem** dos alunos – uma aprendizagem que se desenvolve na **interação colaborativa** [...], propiciando a criação de uma rede de comunicação e colaboração, na qual todos se inter-relacionam" (p. 72, grifo das autoras).

Alguns autores ainda salientam que a administração de um curso *online*, à primeira vista, parece ser fácil, porém, em sua maioria, demanda mais tempo de preparação e envolvimento do que os cursos convencionais. Como exemplo, podemos pensar na necessidade de se visitar o ambiente virtual ou sítio do curso diariamente, se possível mais que uma vez ao dia, para que os alunos sintam "respaldo" por parte do professor. Isso exige um alto grau de dedicação e tempo. Com base nos exemplos dados, vamos mais à frente especificar outras competências que o professor *online* deve ter, que são condicionadas inclusive pela interface utilizada, sendo diferente, por exemplo, se o principal meio de comunicação for o *chat* ou a videoconferência.

Logo, é imprescindível destacar que o uso da tecnologia informática demanda, pelo menos num primeiro momento, um grande tempo do professor, para a preparação de atividades, planejamento e atendimento aos alunos, que tem de acontecer muito constantemente, para não desmotivar o aluno. E demanda ainda tempo para a participação em cursos de aperfeiçoamento e atualização. O professor deve conhecer bem a ferramenta tecnológica que utiliza, o que não necessariamente dispensa a presença de um suporte técnico, que pode dar apoio na resolução de problemas com os equipamentos, se necessário.

Nesse contexto, assim como Zulatto (2007), entendemos que aluno e professor, com as tecnologias de que dispõem, caminham juntos na produção do conhecimento, considerando a

> **aprendizagem colaborativa *online*** como o processo em que alunos, professores e tecnologia participam ativamente e interagem a distância para produzir significados coletivamente, levantando incertezas que alimentam a busca por compreensões e suscitam novas incertezas. Dessa forma, seres humanos e mídias planejam e desenvolvem ações de interesse de um grupo, respeitando as individualidades, de modo a produzir conhecimento colaborativamente no ciberespaço. (p. 70, grifos da autora)

Tomando uma câmera fotográfica como metáfora, podemos considerar que a citação anterior é uma síntese provisória, quando damos um *zoom* na câmera, e que se transforma em toda uma comunidade, quando abrimos a grande angular, que está interessada em se transformar, na medida em que novas possibilidades tecnológicas são oferecidas.

Entendemos que não temos de temer as tecnologias da comunicação nem idolatrá-las. As TIC transformam nossa vida e modificam o pensar e a prática colaborativa empreendida em cursos de formação continuada e em outras práticas envolvendo educadores no mundo virtual. Por outro lado, entendemos que podemos moldar a forma como a EaDonline se consolida no Brasil e no mundo, no contexto particular da Educação Matemática. Nesse sentido, lutamos para que modelos baseados na interação entre participantes prevaleçam sobre modelos de massa que alvejam no fundamental o lucro, estando baseado na visão de educação como mercadoria.

Capítulo II

Educação Matemática a Distância com *chat*

No capítulo anterior, apresentamos alguns elementos relacionados à EaDonline, como a interação, a colaboração, o diálogo, a formação continuada e o papel do professor e discutimos como eles são importantes para a produção do conhecimento em cursos a distância. No contexto da Matemática, em particular, citamos que diferentes mídias podem transformar a natureza dessa área do conhecimento, com base em pesquisas realizadas.

Em Educação Matemática, diversos são os estudos que utilizam o *chat* como interface e exploram as possibilidades de seu uso, como Bairral (2002; 2004; 2005), Bello (2004), Lopes (2004), etc. Em todos esses trabalhos, cursos realizados com salas de bate-papo, além de outras interfaces, são oferecidos para alunos dos ensinos médio e superior e também para alunos-professores[1], com o objetivo de investigar questões relacionadas à avaliação em EaDonline, construção do conhecimento matemático de determinado conteúdo, entre outros. Para isso, modelos de cursos são elaborados com perspectivas concernentes aos objetivos das investigações, além de levar em consideração a visão de conhecimento de seus idealizadores.

O GPIMEM, conforme descreveram Borba e Penteado (2001), há algum tempo iniciou suas pesquisas em busca de

[1] Usamos esse termo quando os participantes são professores, alunos no contexto dos cursos.

modelos de cursos para a EaDonline que convergissem com a concepção do grupo sobre ensino e aprendizagem baseada em aspectos como o diálogo e a premissa de que o conhecimento é produzido por coletivos de atores humanos e não humanos. Contudo, além das questões pedagógicas, as técnicas também foram levadas em consideração pela dependência dos recursos existentes do campus da UNESP[2] de Rio Claro para executar o modelo educacional adotado. Nesse sentido, em 2000, foi realizado o primeiro curso de extensão universitária, *Tendências em Educação Matemática*, totalmente à distância, ministrado por professores e pesquisadores do grupo. A partir de então, anualmente, edições desse curso vêm sendo desenvolvidas para professores de Matemática e áreas afins. Com o decorrer dos anos, mudanças ocorreram, tanto concernentes às questões técnicas quanto às pedagógicas.[3]

Com base em pesquisas e experiências, apresentaremos, neste capítulo, um retrato de algumas vivências nesses cursos, discutindo sobre o modelo educacional que adotamos, com ênfase em aspectos relacionados ao *chat* e às discussões matemáticas que nele ocorrem.

Em busca de um modelo

Entre os vários cursos oferecidos pelo GPIMEM, os de *Tendências em Educação Matemática* podem ser considerados como uma prática diferenciada, visto que eles foram criados e transformados na medida em que os professores e os pesquisadores envolvidos tinham novos interesses e experiências.

Em sua versão inicial, oferecida em 2000, foi utilizado um *chat*, disponível gratuitamente em uma página da internet, no qual um moderador poderia cadastrar quais pessoas teriam acesso às discussões. Para complementar, foi criada uma

---

[2] Universidade Estadual Paulista "Júlio de Mesquita Filho".

[3] Para mais detalhes, consultar os trabalhos de Borba (2004; 2005), Borba e Villarreal (2005), Malheiros, (2006), Rosa e Maltempi (2006), Santos (2006) e Zulatto (2007).

homepage com o intuito de funcionar como um mural para que informações como ementa, referências bibliográficas, entre outras, ficassem à disposição dos alunos-professores. Além disso, foi utilizada uma lista de discussão, via *e-mail*, para a comunicação assíncrona entre os participantes. Naquela época não tivemos acesso a ambientes virtuais de aprendizagem (AVA), que, posteriormente, se tornaram disponíveis e gratuitos.

Versões do curso de Tendências,[4] estruturadas nesses moldes, foram efetuadas com sucesso, gerando pesquisas como a de Gracias (2003), que trata da natureza da reorganização do pensamento, com base nas tecnologias utilizadas e também no modelo pedagógico adotado. Considerando o curso analisado por Gracias, o grupo passou a procurar alternativas distintas para a realização de suas diferentes edições, na busca de um lócus no qual possibilidades de interação e informação estivessem presentes simultaneamente. Com base em estudos e testes, optamos, inicialmente, pelo TelEduc,[5] um AVA no qual existe um leque de opções, com ferramentas como fórum, *portfolio*, lista de discussão, mural, *chat*, entre outras. Com o TelEduc, a natureza do curso foi modificada, a partir das possibilidades tecnológicas por ele oferecidas. Com base nas edições do curso de Tendências realizados nesse ambiente, pesquisas foram efetuadas, como as apresentadas por Borba (2004) e Santos (2006).

Entretanto, em 2006, migramos para outro ambiente, o TIDIA-Ae.[6] A opção pela mudança surgiu a partir do momento em que membros de nosso grupo de pesquisa passaram a colaborar com o desenvolvimento dessa plataforma e, com isso, vislumbramos uma possibilidade de participar no *design* do ambiente. Com isso, valendo-nos de nossas especialidades,

---

[4] Utilizaremos também "Tendências" para nos referir aos cursos de Tendências em Educação Matemática a fim de evitar repetições.

[5] <http://www.teleduc.org.br/>. Acesso em: 31 mar. 2014.

[6] Ambiente desenvolvido por um consórcio de grupos de pesquisa, entre eles o GPIMEM, financiado pela FAPESP (Fundação de Amparo à Pesquisa do Estado de São Paulo), intitulado Tecnologias da Informação no Desenvolvimento da Internet Avançada – Aprendizado eletrônico. Mais informações em: <http://tidia-ae.usp. br/portal>. Acesso em: 31 mar. 2014.

contribuímos com sugestões para seus desenvolvedores, com o objetivo de construir um ambiente gratuito que possa ser utilizado em atividades distintas por diversas áreas do conhecimento. Além disso, a versão em progresso do TIDIA-Ae tem algumas ferramentas diferenciadas, como o hipertexto, que é um editor de textos colaborativo assíncrono.

Entendemos que não há um modelo ideal de ambiente para a realização de cursos dessa natureza, já que os recursos de cada uma das plataformas são diferentes, com opções distintas para seus usuários. Acreditamos que, de acordo com os objetivos preestabelecidos, há um ambiente virtual que se adapta de maneira mais coerente ao contexto. Cabe ao idealizador das atividades analisar quais os prós e os contras de cada uma das interfaces existentes. Ademais, questões referentes à tecnologia utilizada também devem ser consideradas ao se pensar em um curso ou ação a ser realizada por meio dessas plataformas.

Com base em práticas vivenciadas por nós enquanto idealizadores e educadores de cursos a distância, deparamo-nos com possibilidades e limitações das plataformas utilizadas (Borba *et al.*, 2005). No contexto da Educação Matemática, essas dificuldades estão amplamente relacionadas à própria natureza da linguagem matemática, que possui particularidades que muitas vezes dificultam uma discussão. Por exemplo, se possuíssemos um determinado problema, cuja sentença seria dada por $\int_{2}^{4}\left(\frac{1}{x^2}+x\right)dx$, teríamos que escrever "a integral definida no intervalo de dois até quatro da função um sobre x ao quadrado mais x" ou então "integral de 2 a 4 de 1 sobre x ao quadrado + x dx", e, ao escrevermos a sentença, independentemente da maneira escolhida, além de uma maior demanda de tempo por parte do participante para interpretá-la e traduzi-la para a simbologia matemática, isto poderia gerar equívocos, pois sabemos que, ao digitarmos em *chats*, muitas vezes, abreviamos palavras e escrevemos de maneira informal, tentando minimizar o tempo.

Inicialmente, os cursos de Tendências tinham como objetivo apresentar e discutir algumas das linhas de pesquisa existentes na Educação Matemática, como Formação de Professores, Tecnologias da Informação e Comunicação, Modelagem Matemática, entre outras. O intuito era que os alunos-professores, ao final desse curso, entendessem, de forma inicial, o que é pesquisa em Educação Matemática, em suas diferentes linhas de estudo. Durante nossas práticas, começamos a nos questionar também sobre o que aconteceria ao se discutir tópicos matemáticos via *chat*. Como seria a discussão Matemática em um *chat*? Será que a Matemática se transformaria em um ambiente virtual? Nesse sentido, a partir da terceira edição desse curso, em 2002, começamos a discutir Matemática em salas de bate-papo, com base nas atividades elaboradas com o enfoque experimental-com-tecnologias, no qual estudantes, em nosso caso, alunos-professores, atuam em conjunto com softwares visando gerar, conjecturar e apresentar soluções para um determinado problema.

A dinâmica desses cursos é constituída, basicamente, de leituras prévias pelos alunos-professores da bibliografia indicada pelo professor para cada encontro síncrono, a qual contém leituras obrigatórias e também opcionais sobre os temas das aulas. Tais encontros, doze em média por edição do curso, têm duração de três horas e acontecem via *chat*. Para fomentar a discussão, são eleitos, previamente, dois debatedores por aula e a eles cabe apresentar perguntas aos demais colegas. A presença de debatedores não impede que os outros participantes e os professores também exponham questões durante as aulas, mas que esses estimulem a discussão e tenham a experiência de exercer a "liderança" em atividades desta natureza. Com esta prática, acreditamos estar contribuindo para questões já apresentadas em Borba (2004), no que diz respeito à formação de professores que vão ministrar cursos a distância. Ao final de cada sessão, um dos alunos-professores fica responsável por elaborar um resumo da aula e disponibilizá-lo aos demais. Pela estrutura do curso apresentada, o número de participantes não excede a 25, para que todos possam "falar" e ser "ouvidos". Em determinados assuntos, quando há possibilidade, convidamos os próprios autores dos textos debatidos para participarem das discussões. Outra prática por nós adotada é contar, eventualmente, com especialistas da área na qual a discussão vai ocorrer, enriquecendo o debate.

Para as aulas nas quais o tema a ser discutido era um conteúdo matemático específico, atividades eram elaboradas e disponibilizadas com antecedência para os alunos-professores. No caso de atividades com softwares, esses geralmente eram de domínio público ou, no caso do *Geometricks*[7], utilizado em uma das versões do curso, esse poderia ser adquirido, ou os alunos-professores poderiam utilizar uma versão *demo*, gratuita.

Conforme o leitor pode perceber, o modelo do curso adotado por nós está em sinergia com nossos propósitos, além de estar intimamente relacionado com nossa visão de conhecimento, uma vez que consideramos que o ato de aprender não é passivo, e a interação entre alunos e professores nos debates é fundamental. Cabe então, aos professores responsáveis, identificar aqueles que não se manifestaram ao longo da discussão e questioná-los. Essa tem sido uma prática constante em cursos ministrados pelo GPIMEM desde 2000.

No decorrer dos encontros, os alunos-professores começam a constatar que a leitura prévia é fundamental para participação nas discussões e que, por sua dinâmica e também devido à natureza do *chat*, não há longas explicações, palestras, sobre determinado tema. Talvez, neste momento, o leitor esteja se perguntado: porque "devido à natureza do *chat*"? As discussões em salas de bate-papo têm características qualitativamente diferentes daquelas que acontecem em outros ambientes de aprendizagem, virtuais ou não. Conforme mencionado na introdução deste livro, no *chat* há uma tendência a ocorrer o multiálogo, ou seja, conversas realizadas simultaneamente, sobre assuntos relacionados direta ou indiretamente com o foco principal do encontro, com participantes envolvidos, às vezes, em mais de

[7] Software de Geometria Dinâmica em CD-ROM desenvolvido por Viggo Sadolin (The Royal Danish of Education Studies, Kopenhagen, Denmark) e traduzido por Miriam Godoy Penteado e Marcelo de Carvalho Borba, UNESP, Rio Claro. Editora da UNESP, 2001.

uma discussão ou "saltando" de uma para outra. Sabemos que a palavra "diálogo" caracteriza conversa entre duas ou mais pessoas, então, a ideia do multiálogo está relacionada à multiplicidade de diálogos existentes ao mesmo tempo em uma sessão de bate-papo. Além disso, eles não são lineares, ou seja, na tela não são apresentadas perguntas e respostas sequencialmente. Borba e Penteado (2001), por exemplo, para ilustrar o multiálogo, apresentaram um trecho de uma sessão de *chat* na qual, para facilitar o acompanhamento do leitor, "falas" de diálogos foram redigidas com fontes diferenciadas.

Com essa multiplicidade de conversas simultâneas, muitas vezes fica difícil para o professor, e também para os alunos-professores, acompanharem todas elas e apresentar *feedbacks*. Tal dinâmica muda a própria natureza da produção do conhecimento, condicionada pela interação que acontece em uma sala de bate-papo. Em um primeiro momento, aqueles que nunca participaram desse tipo de discussão se sentem perdidos, confusos. Parece haver, porém, uma adaptação "natural" por parte dos participantes, que após alguns encontros não mencionam mais suas dificuldades diante da "avalanche" de informações e questões que ocorrem simultaneamente.

Até aqui, mencionamos, com certo grau de detalhe, questões em torno do modelo de curso adotado por nós e algumas de suas consequências. Todavia, gostaríamos de destacar como ocorre a discussão, via *chat*, de atividades oriundas de uma área específica do conhecimento, a Matemática. Para tanto, na próxima seção, traremos exemplos que ilustram algumas particularidades da discussão e produção Matemática no *chat*.

Antes, entretanto, gostaríamos de enfatizar que o professor que ensina por meio de salas de bate-papo tem novas demandas. Ele tem de estar preparado para lidar com várias perguntas ao mesmo tempo, referentes a aspectos distintos do tema em debate. Em nossos cursos, tem sido comum que o professor tenha que lidar, em uma aula de Educação Matemática, com questões diferentes, já que os alunos-professores a colocaram sem ter lido um a pergunta do outro. Por exemplo, em determinado encontro, são debatidos os textos *A* e *B*. Mesmo que o professor, após dialogar com os alunos, opte por iniciar a discussão pelo texto *B*, não é difícil que questões do texto *A* surjam. Gracias (2003), em seu trabalho, ilustra bem esse fato. Em aulas de Matemática, há necessidade de seguir diferentes linhas de raciocínio sobre um dado problema de forma simultânea. E quando o professor, por algum motivo, deixa que uma pergunta passe despercebida, há protestos por parte dos participantes com alto teor emocional. Saber lidar com essas demandas, além de ter a capacidade de digitar com rapidez, ao mesmo tempo que lê as mensagens na tela do *chat*, que continuamente se modifica com novas entradas, parecem ser habilidades que esse profissional necessita. Como veremos, há também demandas especiais ao lidar com a Matemática, em especial com a Geometria, sem ter uma tela comum para compartilhar entre os participantes, como em um dos exemplos apresentados a seguir.

Problemas matemáticos no chat

Exemplos de Funções

Ao pensarmos em discussões virtuais de Matemática, deparamo-nos com questões concernentes ao tipo de atividades que deveríamos propor aos alunos-professores. Apontamentos sobre essas reflexões foram apresentados por Borba (2004; 2005), nos quais há indícios de que existem vertentes pedagógicas que podem se adequar mais às possibilidades da internet. Como, em nossa concepção, o conhecimento é produto de um coletivo e diálogo, interação e colaboração, conforme ilustramos no capítulo I, são fatores que condicionam a aprendizagem, acreditamos que atividades abertas e exploratórias estão em sinergia com a prática educativa virtual.

Partindo dessas premissas, foram elaboradas atividades nas quais softwares matemáticos como o *Winplot*,[8] por exemplo, foram indicados para que os alunos-professores explorassem conjecturas a partir de funções plotadas.

---

[8] Para mais informações e *download*, acessar: <http://math.exeter.edu/rparris/winplot.html>. Acesso em: 31 mar. 2014.

As atividades especificamente matemáticas tiveram início na terceira edição do curso de Tendências, nas quais as discussões perpassaram por conteúdos envolvendo funções e geometria euclidiana. Outros tópicos matemáticos, como fractais, geometria euclidiana espacial e modelos matemáticos foram explorados nas diversas versões desse curso. No caso específico de fractais, os debates permearam um modelo semelhante ao dos textos de aulas de Educação Matemática, visto que era um tema novo para a maioria dos participantes e, para embasar a aula, foi utilizado um livro desta coleção, escrito por Barbosa (2002).

Em um dos encontros no qual o tema a ser debatido era funções, uma das atividades propostas era baseada no gráfico abaixo (FIG. 1). Os participantes recebiam somente um arquivo de *Word* com o gráfico abaixo e, utilizando softwares gráficos, teriam que, por meio de "experimentações" e deduções, encontrar a expressão algébrica que o representa.

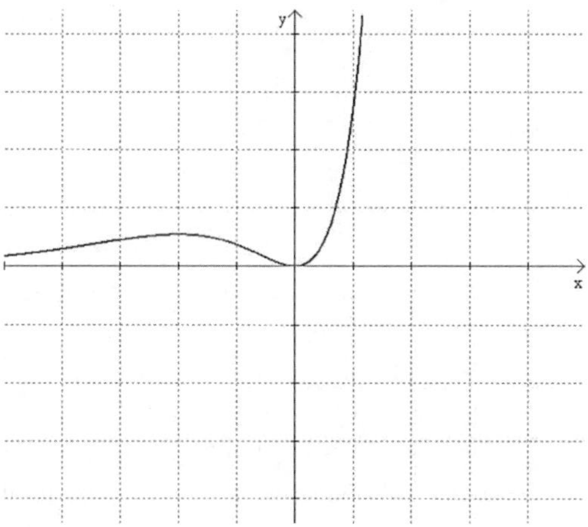

FIGURA 1

O professor responsável, primeiro autor deste livro, apresentou um dos objetivos da atividade: "O [...] propósito da atividade é poder apresentar um problema do qual a origem está no gráfico e não na álgebra", ou seja, a atividade consistia em encontrar a expressão algébrica referente ao gráfico apresentado. Logo no início da discussão, uma das alunas-professoras perguntou "...como faço para entrar com funções de várias sentenças no *Winplot*?". O professor, então, ofereceu uma "dica", afirmando que a lei da função não era constituída de várias expressões, mas, sim, de um produto de funções. Com isso, o debate sobre a atividade proposta teve início. Observe que um dos professores responsáveis está identificado como *mborba* em alguns trechos e em outros como *MarceloBorba* e os demais são alunos-professores. O horário em que as "falas" foram escritas está entre parênteses.[9]

> (20:30:53) **Nilceia**: É o produto de uma quadrática por uma trigonométrica?
>
> (20:31:35) **Luiza**: Realmente, este está difícil. O que dá para observar é que temos uma curva para $x < 0$ e outra para $x > 0$, sendo que em um dos casos pode ser também igual a zero.
>
> (20:32:57) **mborba**: Nilceia, metade está certa! Mas o que te levou a achar isso?
>
> (20:34:08) **Nilceia**: O desenho do gráfico.
>
> (20:34:28) **Eliane**: Se fosse soma de funções acreditaria que fossem uma reta e uma parábola, mas produto parece ter a ver com trigonométrica mesmo.
>
> (20:36:00) **mborba**: Por que a trigonométrica e não a do segundo grau Eliane?
>
> (20:36:28) **Eliane**: Numa soma, se a reta fosse crescente e passasse pelo zero, o resultado antes da origem seria "puxado para baixo", como está no gráfico.
>
> (20:37:13) **Eliane**: Trigonométrica e parábola também, as duas.
>
> (20:37:56) **mborba**: Eliane, mas o que explicaria então a "voltinha" que ela dá perto entre o menos 2 e o zero?
>
> (20:38:36) **mborba**: Tente Nilceia!

[9] Como não é nosso objetivo investigar questões específicas da escrita no *chat*, alguns erros ortográficos foram corrigidos para não tirar o foco do leitor.

> (20:38:43) **Eliane**: Teria que testar para ver, só observar engana muito!!
>
> (20:38:55) **mborba**: Na verdade Eliane, entre o menos 4 e o zero.
>
> (20:41:23) **Nilceia**: Então me conte, qual parte está correta?
>
> (20:43:16) **mborba**: E é claro, que se eu tivesse uma dica melhor eu daria, mas não tenho, por isso digo. E essa atividade que propus para vocês, nunca tinha proposto para ninguém, embora os objetivos eu já tenha explicado antes [...].
>
> (20:44:12) **Eliane**: y = xsin(x)*x^2 fiz esta e deu uma parábola no meio e duas retas quase verticais nas laterais.

No trecho acima, podemos perceber que os alunos-professores estavam utilizando aspectos visuais do gráfico para conjeturarem sobre a possível lei da função. Uma das participantes, entretanto, após a "dica" do professor, sentiu necessidade de testar, experimentando com o software, ao afirmar que apenas a observação não bastaria. Para isso, "abriu" o *Winplot* e traçou o gráfico da função $f(x) = x.sen(x).x^2$, ilustrando que a experimentação também ocorre simultaneamente à discussão via *chat*. Podemos perceber, além disso, que a maneira utilizada pelos alunos-professores para escrever matematicamente as leis das funções no *chat* é a mesma utilizada para inserir uma função no *Winplot*, configurando-se como uma das linguagens matemáticas no *chat*. Nesse sentido, parece ser natural para os alunos-professores utilizar a linguagem do software na sessão de bate-papo.

Como a discussão havia "estacionado" nesse momento, o professor sugeriu apresentar a resposta do problema. Diante disso, as reações apresentadas foram diversas:

> (20:50:32) **Eliane**: Tem como dar a resposta e esperar um minutinho para testar no Winplot.
>
> (20:50:44) **Nilceia**: Sim, mas, por favor, explique como chegamos a essa conclusão.
>
> (20:50:53) **mborba**: É claro, Eliane. . e vou dar aos poucos.

> (20:51:56) **Carlos**: Borba, tentei várias, mas não consegui encontrar a resposta e estou louco de curiosidade. O que o professor deve fazer quando os alunos "cansam" de procurar e desistem?
>
> (20:52:28) **mborba**: Carlos, acho que devem dizer, ainda mais porque isso é bem exploratório.

Com base nas falas dos alunos-professores, é possível notar diferentes posturas. Eliane, por exemplo, queria a resposta para, com ela, vislumbrar uma possível solução, a partir da experimentação com o software. Nilcéia, por sua vez, também não estava preocupada com a resposta em si, mas com o entendimento da solução encontrada pelo professor. Vale ressaltar que, como mostra o trecho acima, os alunos-professores estavam dispostos a pensar sobre a atividade e apenas a apresentação da resposta não os satisfazia, mas, sim, a sua exploração. Após algumas manifestações, o docente passou a apresentar a solução do problema:

> (20:52:07) **mborba**: A "barriguinha" é por que a parábola, que já disse que faz parte do produto, interage com a outra função no intervalo [-4,0] de uma forma que a primeira "ainda tem força", depois ela não tem mais.
>
> (20:53:38) **mborba**: Ou seja, a função que "derrota" a do segundo grau no resto do intervalo negativo, e "coincide", tem "sinergia" com a parábola é a exponencial e^x, ou com outra base maior que um... aí vai variar o tamanho da "barriga".
>
> (20:54:42) **mborba**: [...] mas aqui achei que poderia dizer logo, para que vocês avaliem esse tipo de atividade e testem a função y=e^x(x^2).
>
> (20:54:58) **Eliane**: Entendi agora, pois ela passa a ser crescente depois do eixo e assim mantém e acelera ainda mais o crescimento da parábola. Legal...
>
> (20:55:08) **mborba**: Notem, que esta maneira informal de falar do gráfico deve ser apenas um primeiro MOMENTO.
>
> (20:55:47) **mborba**: Ela quem Eliane? o produto, certo, pois a exponencial é crescente sempre, com base maior do que um.

(20:56:54) **Nilceia**: Para se chegar a essa conclusão, preciso ir testando os vários gráficos?

(20:57:48) **Eliane**: desculpe, passa a ser maior que um, fazendo o produto ser cada vez maior que o valor da própria parábola, o que não acontece antes do eixo y, pois a exponencial é menor que 1, e o produto, apesar de crescente, faz com que a parábola se abaixe.

(20:57:54) **mborba**: Eu acho, Nilceia, que poderia ser uma maneira de aprendermos sobre as funções, sobre os comportamentos da mesma. Na verdade o segundo gráfico é continuação da primeira... Só que com algo que estamos bem menos acostumados.

Nesse momento, o professor questiona aos alunos-professores qual seria a maneira para formalizar as questões apresentadas até então, dando início a outras discussões, com aspectos referentes ao software e sua utilização em sala de aula, como fazer a "ponte" entre a exploração e a formalização, etc.

Interpretamos a lei dessa função como o produto de duas funções quando x tende para $+\infty$ ou $-\infty$. No primeiro caso, as duas funções são crescentes e positivas e $\lim_{x \to +\infty} e^x = \lim_{x \to +\infty} x^2 = +\infty$. O produto desses limites está sempre crescendo, então $\lim_{x \to +\infty} x^2.e^x = +\infty$. No segundo caso, um argumento clássico para explicar o comportamento do produto quando $x \to -\infty$ é que a função exponencial tende para zero "mais rapidamente" do que a função quadrática vai para $+\infty$, e, como a função exponencial é "mais forte" que a função polinomial, o produto das duas funções tende a zero.

Voltando ao trecho que apresentamos anteriormente, podemos perceber que o curso, desenvolvido em um *chat*, tinha uma abordagem que não focava apenas as discussões matemáticas, mas também questões educacionais que envolviam essa área do conhecimento, caracterizando uma reflexão sobre as práticas pedagógicas a partir da própria experiência dos alunos-professores.

Em outra aula do curso de Tendências, o tema debatido também foi funções, a partir de atividades experimentais. O problema em questão originou-se de uma aula presencial da disciplina Matemática Aplicada para o curso de Ciências Biológicas da UNESP, Rio Claro. Com auxílio de calculadoras gráficas, os estudantes deveriam variar os parâmetros *a*, *b* e *c* da função $f(x) = a.x^2 + b.x + c$, $a \neq 0$, e discutir sobre o comportamento de seu gráfico. Ao realizar essa atividade, Renata, uma das estudantes, apresentou a seguinte conjectura: *sempre que b for positivo, a parábola vai cortar o eixo dos y com a parte crescente da parábola. Sempre que for negativo, com a parte decrescente.* Propusemos, então, que os alunos-professores investigassem os parâmetros a, b e c da função do 2º grau, explorassem a afirmação de Renata e justificassem suas respostas.

Um dos alunos-professores, Carlos, iniciou o debate contando que propôs que seus estudantes também investigassem os parâmetros a, b e c, com auxílio do *Winplot* e que, no decorrer da aula, um deles apresentou a seguinte conjectura "quando a for negativo, o b positivo, a parábola vai mais para o lado direito, mas com o a negativo e o b também negativo, a parábola vai mais para o lado esquerdo". Como a hipótese apontada pelo estudante estava intimamente relacionada com as atividades propostas por nós, pedimos que os alunos-professores discutissem também sobre a afirmação do aluno de Carlos e que enfatizassem as questões algébricas.

> (19:53:15) **MarceloBorba**: A solução que o aluno do Carlos colocou sobre a e b. Alguém tem uma explicação algébrica para ela?
>
> (19:54:53) **Taís**: Tem a ver com a coordenada x do vértice da parábola.
>
> (19:55:30) **Carlos**: Após realizar várias tentativas (construírem vários gráficos variando o valor dos coeficientes a, b e c), as pessoas concluíram que o proposto na questão 2 [a apresentada pela aluna do curso de Biologia, Renata] realmente vale.

Os argumentos apresentados foram distintos. Enquanto Carlos afirmou que, pela experimentação, seus estudantes concluíram que a afirmação de Renata estava correta, Taís apresentou indícios de uma conclusão baseada na fórmula do vértice da função do segundo grau, ou seja, iniciou uma explicação algébrica para o problema. Conforme podemos observar na sequência da aula, ambos os argumentos têm interseções:

> (19:57:07) Taís: Xv=-b/2a...Se a e b têm sinais diferentes, Xv é positivo.
>
> (19:59:16) Norma: Eu construí muitos gráficos e verifiquei ser verdade, depois eu parti para as coordenadas do vértice da parábola Xv= - b / 2a, e fiz a análise do sinal de b em função de a positivo ou negativo, dai verifiquei o sinal do vértice cruzando com a concavidade para cima ou para baixo e verificando se estava na parte crescente ou decrescente. Não sei se me fiz entender...

Norma e Taís apresentaram ideias semelhantes para confirmarem a conjectura da estudante de Biologia. Todavia, Sandra e Marcelo elaboraram outra justificativa para tal afirmação, com base na derivada da função de segundo grau, ou seja, $f'(x) = 2.a.x + b$.

> (20:00:43) **Sandra**: Entendi, mas entendo também que a parte da parábola que é crescente é quando a primeira derivada é positiva, isto é, para x>-b/2a.
>
> (20:01:18) **MarceloBorba**: Por que Sandra? Diga mais como viu isso!
>
> (20:03:55) **Sandra**: Se temos a equação, ax^2+bx+c= y, então temos que dy/dx = 2ax+b, assim, se queremos saber quando a parábola é crescente, devemos calcular quando dy/dx >0.
>
> (20:05:04) **Sandra**: Assim, x > - b/ 2a.
>
> (20:07:03) **MarceloBorba**: Sandra, só que vi um pouco diferente. Eu vi calculando y'(0)=b, e, portanto quando b for positivo, a parábola será crescente e analogamente...

Como poucos estavam compreendendo a explanação, Marcelo e Badin[10] detalharam melhor a solução.

---

[10] Marcelo Badin, que é professor de Matemática na região de Rio Claro – SP e era então aluno do Mestrado em Educação Matemática do Programa de Pós-

(20:10:59) **MarceloBorba**: Sandra, ao calcular o valor de y', tenho que se y'>0 então a função é crescente e portanto tomo y'(0), o que equivale ao ponto em que y corta o eixo y e a y'(0) =b e então b decide a parada!!!!! Entendeu?

(20:13:43) **Badin**: O ponto onde o gráfico "corta" o eixo y é f(0), logo, para estar na parte crescente da parábola devemos considerar dois casos:
1. a>0: devemos ter o x do vértice "antes" da abscissa do ponto onde o gráfico corta o eixo y, isto é (-b/2a) <0. Como a>0 isso ocorre para b>0.
2. a<0: devemos ter o x do vértice "depois" da abscissa do ponto onde o gráfico corta o eixo y, isto é (-b/2a) >0. Como a<0 isso ocorre para b>0.

Até esse momento havia alguns professores debatendo sobre o problema e suas soluções – vértice e derivada – por cerca de 40 minutos. Os intervalos de tempo entre as diferentes transcrições indicam que algumas das falas dos alunos-professores foram omitidas, facilitando, com isso, o acompanhamento das discussões que ocorreram. Havia outros atores envolvidos no debate e no refinamento das soluções desse problema, mas optamos por apresentar apenas alguns deles, com o intuito de clarear o acontecimento dos fatos.

Podemos destacar que, no *chat*, as justificativas para as conjecturas apresentadas foram escritas de "maneira natural", visto que a escrita é a maneira de se comunicar em uma sessão de bate-papo. Ademais, os participantes tentavam se fazer entender a partir de suas "falas escritas". Na aula presencial, quando Renata apresentou sua conjectura, a oralidade foi a principal atriz na comunicação, e os estudantes não escreveram suas conclusões e justificativas, "apenas" falaram. O professor da turma de Matemática Aplicada recorreu à lousa e ao giz para formalizar a conjectura feita pela aluna, e apresentou para seus alunos a solução do vértice.

Graduação em Educação Matemática da UNESP, Rio Claro, foi convidado a participar devido a sua familiarização com o tema em debate e também por sua curiosidade em discutir Matemática a distância. Em outras versões do curso, tivemos outros convidados em nosso esforço para criamos uma cultura de EaDonline.

Exemplo de Geometria Espacial

Alguns aspectos da escrita no *chat* são qualitativamente diferentes das realizadas com lápis e papel e, ao debatermos questões matemáticas nesse ambiente, há uma transformação no "fazer" Matemática *online*. A escrita, assim como o multiálogo, dá novos contornos à produção de conhecimento matemático em ambientes *online*. Se isso já parecia razoável quando o conteúdo abordado é funções, resolvemos investigar como que se daria a discussão matemática quando o conteúdo fosse a Geometria Espacial no mundo virtual. Ficamos, em nosso grupo de pesquisa, curiosos em saber como se daria essa tensão entre o modelo da noção de espaço que a maioria de nós tem, a Geometria Espacial, e a internet, que parece destruir a noção de espaço e/ou tempo que tínhamos até o final do século XX, mas constitui uma nova noção. O leitor interessado neste tema pode aprender mais em Santos (2006) com a discussão detalhada que lá é realizada.

Em 2005, o curso de Tendências serviu de palco para esta investigação sobre a produção Matemática na sala de bate-papo. Nessa edição foram discutidas as diversas tendências em Educação Matemática, lideradas pelo primeiro autor deste livro, e atividades matemáticas, as quais Silvana Santos conduziu. Tal trabalho (Santos, 2006) apresentou diversas particularidades sobre a natureza do "fazer" Matemática na EaDonline, a partir de diversos recursos como material manipulativo, o software gratuito *Wingeom*,[11] além de livros sobre o tema. Uma das conclusões apresentadas pela autora enfatiza que, mesmo com algumas limitações, o *chat* possibilitou a discussão, além de permitir que a "produção matemática se consolidasse de um modo muito particular" (p. 12). Para ela, as mídias condicionaram a forma como os participantes discutiram as conjecturas formuladas durante as construções geométricas e, com isso, transformaram a produção matemática. Em sua análise, destacou como o *chat*, o software, a coordenação de diferentes TIC, a investigação e a visualização estão presentes e atuam na

---

[11] Para mais informações e *download*, acessar: <http://math.exeter.edu/rparris/wingeom.html>. Acesso em: 31 mar. 2014.

produção matemática em cursos realizados a distância. Outro aspecto enfatizado por ela refere-se à demonstração matemática em um ambiente virtual e, para ilustrá-lo, apresentaremos um exemplo. Cabe ressaltar que as atividades propostas por Santos eram de caráter investigativo, e os alunos-professores deveriam utilizar o *Wingeom* para desenvolvê-las.

Em um dos problemas, era solicitado que os alunos-professores, após construírem um paralelepípedo retângulo, traçassem alguns segmentos e verificassem o que aconteceria com planos formados por determinados pontos que pertenciam a esses segmentos e outros de seus vértices. O enunciado da atividade[12] proposta era:

1. Insira um paralelepípedo de comprimento #, largura 2 e altura 6;
2. Usando o menu *Anim/Variação de #* digite, na janela que se abre, 0 e em seguida clique *fixar L*. Do mesmo modo, digite 3 e clique *fixar R*;
3. Trace os segmentos AC, CH e AH;
4. Clique em *Ver/Espessura do segmento*, escolha uma cor para os segmentos que acabou de traçar e em seguida clique em adicionar;
5. Trace os segmentos BE, EG e BG;
6. Do mesmo modo, adicione uma cor para esses segmentos;
7. Anime a sua construção e observe o que acontece;
8. O que você pode afirmar sobre os planos determinados pelos pontos ACH e BEG? Justifique sua resposta.
9. O que acontece quando o valor corrente de # é zero?

O *Wingeom* tem funcionalidades como a animação a partir de comandos específicos. Na atividade proposta, eram solicitadas largura e altura fixas do paralelepípedo, porém seu comprimento poderia variar de 0 a 3. Com isso, o sólido poderia ser "animado" a partir da variação de seu comprimento. A FIG. 2 ilustra a construção dessa atividade no *Wingeom*.

[12] Atividade adaptada por Silvana Claudia Santos do trabalho de Lima *et al.* (1999).

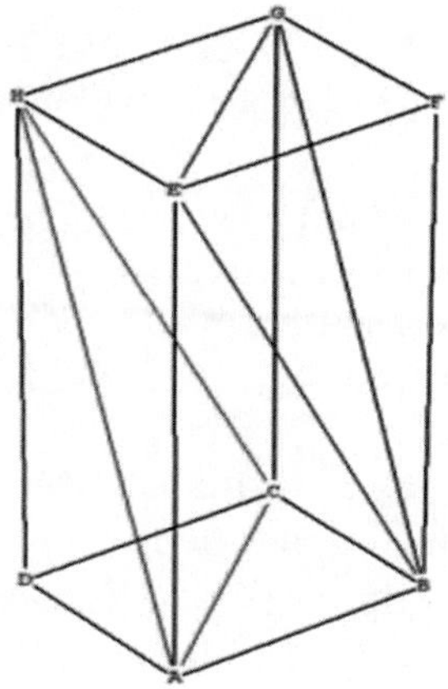

FIGURA 2

A discussão no *chat* teve início quando uma das participantes, Maria, da Argentina, apresentou sua conclusão "*En esta actividad saqué como conclusión que los planos (GEB y HAC) son paralelos (si #=0 son coincidentes) pero vi la demostración de Marie*" (20:17:15). Marie, outra aluna-professora, havia postado sua demonstração anteriormente no *portfolio* do TelEduc e também a apresentou no *chat*:

> (20:21:08) **Marie**: Olha só como eu justifiquei: os planos ACH e BGE são paralelos. Podemos justificar lembrando que uma reta é paralela a um plano quando for paralela a uma reta desse plano. Considerando que o segmento BG é paralelo ao segmento AH (ambos diagonais de faces opostas e paralelas do paralelepípedo) pertencente ao plano ACH, podemos afirmar que o segmento BG é paralelo ao plano ACH. Se fizermos o mesmo raciocínio para os segmentos EG e EB, concluímos que os planos são paralelos.
>
> (20:22:22) **Marie**: Vejam a minha figura lá no *portfolio*. Dá pra entender melhor visualizando a figura.
>
> (20:22:28) **Silvana**: Marie, não entendi... Podemos justificar lembrando que uma reta é paralela a um plano quando for paralela a uma reta desse plano???

> Desculpa...
>
> (20:23:12) **Marie**: Sim, em Geometria Descritiva se diz assim.
>
> (20:23:42) **Maria**: Es cierto lo que dice Marie: si una recta es paralela a otra de un plano es paralela al plano (tengo acá el Teorema).
>
> (20:23:52) **Silvana**: Ah, tá!!!

Percebemos, nesse trecho, que Marie não afirma que demonstrou, e sim que justificou sua conclusão e sugere que, visualizando a figura por ela construída e postada em seu *portfolio*, a compreensão dar-se-ia de maneira mais fácil. Outro ponto que gostaríamos de destacar é com relação aos diferentes recursos utilizados pelos alunos-professores. Silvana Santos, que era uma das professoras do curso em conjunto com o primeiro autor deste livro, não compreendeu determinada passagem da justificativa de Marie, e Maria, que estava com um livro ao seu lado ao afirmar que "*mais no conozco todos los teoremas.... tengo el libro de consulta a mi lado!!!! je!!!*" (20:34:07), confirma o que Marie disse, baseada em um teorema.

Na continuação desse debate, outros argumentos, dúvidas e demonstrações foram apresentados pelos alunos-professores.

> (20:23:52) **Dias**: Marie outra dúvida é perceptível que os planos GEF e...
>
> (20:24:38) Claudia: Sil usamos o seguinte, mas não tenho certeza
> Def.: Dois planos são paralelos, se, somente se, eles não tem pontos em comum ou são iguais.
> Condição suficiente: EG e BG ao plano BEG e são concorrentes, tendo AC e AH ao plano ACH e EG / / AC e BG / / AH, assim os planos EGB é paralelo a ACH.
>
> (20:24:48) **Dias**: ACH são subplanos de planos paralelos, mas daí podemos concluir que eles são paralelos?
>
> (20:25:56) **Maria**: ¿Qué es ACH "subplanos"?
>
> (20:26:15) **Carlos**: (uma pequena correção) EG e BG pertence ao plano BEG e são concorrentes, tendo AC e

> AH pertence ao plano ACH e EG // AC e BG // AH, assim os planos EGB é paralelo a ACH.
>
> (20:26:21) **Marie**: Vamos pensar em termos práticos. Você deve estar numa sala, não é? Pense nas paredes como planos. Pense em uma porta, considere um dos seus batentes como uma reta. Essa "reta" não é paralela a uma reta da parede oposta aquela onde está a porta? Pense em uma reta como o encontro de duas paredes. Daí você vai dizer que a porta é paralela à parede porque é paralela a intersecção das duas paredes, que é considerada uma reta. Ficou claro ou bagunçou mais?
>
> (20:28:31) Marie: Dias, planos são infinitos...

Neste outro trecho, podemos constatar que a demonstração, em um *chat*, como bem já destacou Santos, é realizada "aos pedaços", ou seja,

> uma parte é apresentada e em seguida já aparece outra mensagem, de outra pessoa, sobre o mesmo assunto ou não, enquanto isso aquele que estava apresentando sua demonstração está digitando e depois apresenta mais outra parte, e assim o processo vai se repetindo até que esteja concluída toda a demonstração. (Santos, 2006, p. 98)

Além disso, Marie utilizou-se da imagem visual para ilustrar suas conjecturas e tentou fazer com que os demais participantes "enxergassem" a figura. A partir dela, alguns participantes apresentaram outras afirmações, dando continuidade às justificativas postadas anteriormente.

> (20:29:50) **Dias**: da mesma ideia de subconjunto. Tomando o mesmo exemplo de Marie: Tomemos a parede que representa um plano e a lousa nela contida, a lousa é um plano subconjunto da parede.
>
> (20:30:42) **Silvana**: Marie, legal sua estratégia para deixar as coisas mais "visíveis"... Mas deixa eu pensar bem nessa porta... rsrs.
>
> (20:31:39) **mborba**: Achei a demonstração da Marie uma belezura, como diria o Paulo Freire... mais simples

que a da Silvana... por aqui. A da Claudia, não tenho certeza se entendi. O que acham? Claudia, podes me explicar melhor...

(20:31:41) **Maria**: Si entiende ACH, pero lo veía como un plano y no como un subconjunto de el mismo.

(20:31:45) **Marie**: Maria, nós duas fazemos uma boa dupla. Você conhece todos os enunciados dos teoremas, e eu sei das coisas pela prática, de tanto trabalhar e procurar "concretizar" a geometria para os meus alunos.

(20:34:33) **Carlos**: Buscamos mostrar que há duas retas concorrentes em um plano que são paralelas ao outro plano.

(20:39:59) **mborba**: Claudia, entendi sua demonstração, com a explicação do Carlos, e acho que é a mais simples!!! Valeu!

Nesse trecho constatamos que termos apresentados ao longo do debate foram esclarecidos com auxílio dos demais participantes. Além disso, Marie destaca posturas distintas ao lidar com problemas geométricos: a formalização matemática e o trabalho "prático", que interpretamos como atividades exploratórias com softwares, material manipulativo, etc. Com isso, identificamos que estas duas vertentes se complementam, tanto pelo olhar dos alunos-professores quanto pelo dos professores, pois fica explícito que essa atividade, em particular, aborda ambos os aspectos. Percebemos também que várias argumentações matemáticas foram apresentadas ao longo do debate e que, para alguns, umas eram mais fáceis que outras. Talvez o próprio *chat*, por sua natureza, permita que várias demonstrações e justificativas sejam apresentadas de maneira simultânea, caracterizando, com isso, uma transformação na Matemática nele produzida.

Neste capítulo apresentamos alguns exemplos de problemas matemáticos discutidos no *chat* e pontuamos que existem transformações na Educação Matemática quando atividades desta área específica do conhecimento são debatidas em sessões de bate-papo. A natureza das discussões matemáticas em um *chat* é qualitativamente diferente da que ocorre em uma videoconferência e, para exemplificar, traremos, no próximo capítulo, alguns exemplos de experiências do GPIMEM, em cursos de formação de professores, em que a produção matemática foi condicionada por outra atriz, a videoconferência, que tem particularidades como a oralidade e o compartilhamento de imagens.

Capítulo III

Educação Matemática a Distância com videoconferência

No capítulo anterior, apresentamos exemplos de experiências em formação de professores, desenvolvidas a distância, por membros do GPIMEM, nas quais o *chat* foi o principal ambiente de interação entre os participantes. Neste capítulo, apresentaremos vivências, significativamente diferentes, devido à interface de comunicação utilizada, em EaDonline: cursos de formação de professores desenvolvidos por videoconferência, e descreveremos alguns episódios de discussão matemática nessa plataforma síncrona, em que os problemas foram resolvidos colaborativamente.

O contexto

Em 2001 a Fundação Bradesco adquiriu o software *Geometricks* para sua rede de 40 escolas, sendo pelo menos uma em cada estado brasileiro. Após um período de tempo, no entanto, foi possível perceber que seus professores não o incorporaram em suas aulas. Com isso, membros dessa Fundação julgaram pertinente propiciar uma formação que possibilitasse aos docentes a familiarização com os recursos dessa tecnologia.

Dois membros do GPIMEM, autores deste livro, organizaram um curso, intitulado *Geometria com Geometricks,* que tinha como proposta a produção coletiva de conhecimento em Geometria (conteúdo), sobre o uso de um software dado dessa área na sala de aula (conteúdo pedagógico), e sobre o uso do próprio software (tecnológico).

Considerando as particularidades dessa instituição, especialmente a geográfica, fazia-se oportuna a estruturação de um curso a distância, utilizando-se de recursos da internet. Além de uma diminuição no custo, ações dessa natureza permitem que os professores não tenham que se deslocar e possam participar e também atuar em sala de aula, o que permite que suas ideias possam ser colocadas em prática ainda em paralelo ao desenvolvimento do curso, o que enriquece a troca de experiências.

O primeiro tipo de curso a distância, na área de Matemática, oferecido aos professores pela instituição foi baseado em um modelo que envolvia pouca interação entre seu líder e os participantes, e entre os próprios participantes, próximo ao modelo *virtualização do ensino tradicional*, discutido no capítulo I. Quando iniciamos nosso curso, essa foi uma resistência inicial que precisou ser superada, uma vez que o modelo proposto estava baseado na interação *online* e em aplicações do *Geometricks* para os ensinos fundamental e médio. Dessa forma, a proposta pedagógica considerava relevante dois pontos centrais: o sincronismo entre os envolvidos no curso e a participação ativa dos alunos-professores.

Com vistas a contemplar essas demandas, os recursos tecnológicos utilizados foram vários. A Fundação Bradesco disponibiliza um ambiente na internet no qual os alunos-professores podem acessar as denominadas "telas" do curso, que foram preparadas pelos professores, e tinham a função de apresentar o curso aos alunos-professores, bem como disponibilizar as atividades a serem desenvolvidas. Como exemplo, uma tela:

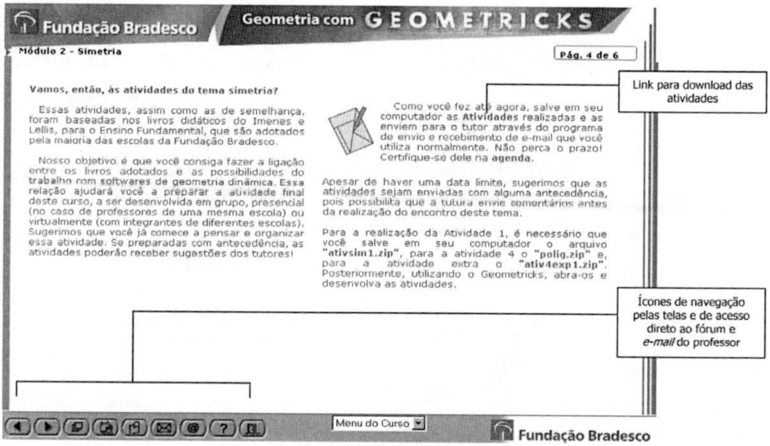

FIGURA 3

Ao acessar esse ambiente, o aluno-professor não apenas poderia fazer a leitura das telas como usufruir de outros recursos. Na parte inferior, por exemplo, é possível visualizar alguns ícones. Dois deles tinham a função de adiantar e retroceder. Um outro apresentava o índice remissivo, para que se pudesse ir direto a uma determinada página. Havia também um ícone para a comunicação por fórum, um para *chat* e um outro para o envio de *e-mail* aos professores direto desse ambiente.

Além desse ambiente restrito, era possível utilizar um ambiente da Fundação para a realização de videoconferência.[1] Em uma página específica, dispondo de *login* e senha, todos poderiam acessá-la em qualquer ponto do país. Ela dispunha de recursos que possibilitavam a comunicação síncrona entre professores e alunos-professores e, como acontece em videoconferências, todas as pessoas conectadas ao ambiente ouviam a pessoa que estivesse falando.

Observamos que a plataforma utilizada permitia o compartilhamento de imagem,[2] como ilustra a FIG. 4, de modo que

[1] Plataforma CentraOne, disponível para os participantes no sítio: <http://www.conferencia.org.br>. Acesso em: 31 mar. 2014.

[2] Imagem capturada por uma *webcam*, que poderia ser dos professores ou dos alunos-professores.

essa tinha um tamanho pequeno e poderia ser vista em paralelo ao uso de outro programa (*Geometricks, Power Point*, ou qualquer outro). E, devido às limitações referentes à conexão da internet,[3] a imagem das pessoas e o compartilhamento do *Geometricks* não eram mantidos simultaneamente. Assim, as imagens foram disponibilizadas no momento da apresentação e, na maior parte do tempo, foram compartilhados o som e a tela do software (FIG. 5), onde eram realizadas as construções geométricas.

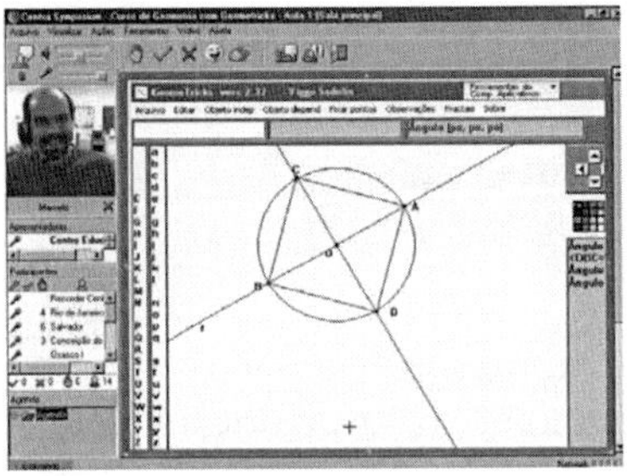

FIGURA 4

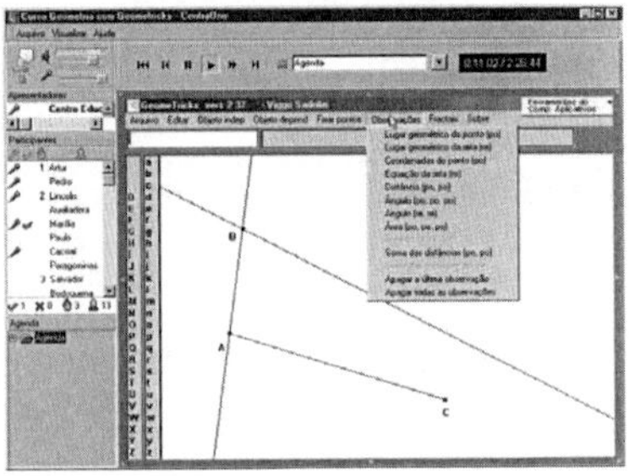

FIGURA 5

A tela do computador de um dos professores era compartilhada e isso permitia que todos pudessem ver o arquivo aberto na máquina, que poderia ser do *Word*, do *Power Point*, ou de qualquer outro. O *Geometricks* foi utilizado com maior frequência, e as construções geométricas nele realizadas eram acompanhadas por todos.

Uma alternativa rica foi descoberta no decorrer do curso: era possível permitir que qualquer participante controlasse o *mouse* da máquina que compartilhava o *Geometricks*. Ou seja, um arquivo aberto no computador do professor, poderia ser alterado por outra pessoa. Por estar com o controle, associando-o a uma "caneta", Zulatto e Borba (2006) denominaram essa ação de "passar a caneta". Com essa possibilidade, os alunos-professores saíam do papel passivo de assistir às construções

[3] Havia pessoas conectadas em lugares distantes, cuja conexão ficaria lenta e, possivelmente, interrompida se a imagem fosse disponibilizada, já que isso tornaria o sítio "pesado".

realizadas pelos professores e passavam a ter papel ativo no processo de produção matemática.

Encontros semanais foram então agendados para manter essa interação. Aos sábados, por um período de duas horas, professores e alunos-professores interagiram por videoconferência, durante aproximadamente três meses. E, para colocar em prática a proposta de participação ativa dos alunos, todo o conteúdo matemático foi planejado na forma de atividades exploratórias de resolução de problemas. Esses tinham, geralmente, mais do que uma maneira de ser resolvidos e poderiam ser incorporados em diferentes níveis de ensino, de acordo com o grau de exigência para uma resolução e da preferência do aluno-professor. As soluções intuitivas e formais foram reconhecidas como importantes, e a articulação entre experimentação-e-erro e argumentos geométricos foi incentivada.

Essas atividades eram desenvolvidas pelos alunos-professores e enviadas por *e-mail* aos professores (esse era um recurso bastante utilizado para contato no decorrer da semana, período assíncrono do curso) e discutidas de forma síncrona nos encontros que ocorriam aos sábados. Elas foram divididas em quatro temas: familiarização com o software, semelhança, simetria e geometria analítica. Houve ainda um encontro intitulado "leitura", para instigar a leitura crítica sobre a utilização de informática na sala de aula.

Para que os alunos-professores efetivamente conseguissem participar de forma ativa, expondo suas ideias, compartilhando suas soluções aos problemas propostos, alimentando a discussão matemática, foi preciso limitar o número de participantes. E, para atender a todos os interessados, foi necessária a realização de três edições desse curso, durante três semestres consecutivos, desde o 2º semestre de 2004.

As avaliações do curso e, principalmente, seu reflexo em sala de aula, com a incorporação do *Geometricks* por diversos professores da Fundação Bradesco, suscitaram a criação de um novo curso, que foi elaborado com base na mesma proposta participativa do primeiro. O tema de estudo escolhido pelos alunos-professores foi funções. Por ser um software gratuito e de relativa facilidade, o *Winplot* foi selecionado para ser o ambiente tecnológico de exploração desse tema. O curso ficou denominado, então, *Funções com Winplot*, em duas versões, nos 1º e 2º semestres de 2006.

Novamente foram agendados oito encontros síncronos, por videoconferência, para a exploração de um conjunto de atividades elaborado a partir do livro didático adotado pela Fundação Bradesco. Também foi proposta a leitura de dois textos que envolviam o tema funções e tecnologia, sendo um encontro organizado para discuti-los.

A visualização na videoconferência

No capítulo I, apresentamos nossa concepção de que a aprendizagem está relacionada ao diálogo, à interação e à colaboração. A comunicação por *chat*, videoconferência, correio ou telefone, por exemplo, diferencia-se sob vários aspectos, o que ilustra o papel da mídia no processo de produção de conhecimento.

Em interface com a Educação Matemática, assim como apresentamos particularidades do *chat*, Bairral (2004) faz uma análise das especificidades discursivas inerentes a esse ambiente, focando o compartilhamento e a construção do conhecimento matemático. Com base em experiências realizadas com professores de Matemática, em cursos de curta duração na área de Geometria, desenvolvidos a distância, com recursos síncronos e assíncronos, esse autor destaca a possibilidade de elaboração conjunta de uma linha de pensamento, e observa que nesse ambiente de interação há ênfase no discurso escrito e necessidade de resposta imediata, com reflexão colaborativa. Entre suas vantagens, Bairral (2004) menciona o registro e a reprodução impressa e a troca instantânea de opiniões. Por outro lado, aponta aspectos negativos, como a impossibilidade de participação de um grande número de pessoas, uma vez que isso inviabiliza acompanhar a discussão, além de inserção de imagens e desenhos explicativos.

Com a videoconferência, é possível explorar e compartilhar imagens visuais de modo síncrono. É uma alternativa de

EaDonline para romper fronteiras geográficas que possibilita a interação, como outros ambientes, como o *chat*, e que se diferencia por propiciar ainda o diálogo oral e a visualização, ainda que também esteja limitada a um pequeno número de participantes.

Segundo os Parâmetros Curriculares Nacionais (Brasil, 1998) – PCN de Matemática, o pensamento matemático desenvolve-se inicialmente pela visualização. Para Fonseca *et al.* (2001, p. 75), que escreveram sobre a Geometria no ensino fundamental, o termo visualização abordado pelo PCN tem sentido restrito à observação atenta das figuras geométricas e ressaltam que preferem tomá-lo em sentido mais amplo, que

> abrange a formação ou concepção de uma imagem visual, mental (de algo que não se tem ante os olhos no momento). Isso porque, de fato, é no exercício de observação de formas geométricas que constituem o espaço, e na descrição e comparação de suas diferenças, que as crianças vão construindo uma imagem mental, o que lhes possibilitará pensar no objeto na sua ausência.

Na Matemática, a visualização está associada à habilidade de interpretar e entender informações figurais. Para tanto, podem ocorrer dois processos: interpretar uma imagem visual ou criá-la a partir de uma informação não figural. A visualização é considerada, ainda, como um "processo de formação de imagens (mentalmente, com papel e lápis, ou com outras tecnologias), usada com intuito de obter um melhor entendimento matemático e estimular o processo de descoberta matemática" (Borba; Villarreal, 2005, p. 80).

O ato de visualizar pode consistir em uma construção mental de objetos, ou dos processos a eles associados, percebidos pelo indivíduo como externos. Alternativamente pode ainda, consistir em uma construção, em uma mídia externa como o papel, lousa ou tela do computador, de objetos ou eventos que o indivíduo identifica com objetos ou processos de sua mente. No entanto, embora uma distinção seja feita entre o que é externo (papel, computador, etc.) e o que é interno (mental), é o indivíduo que percebe (e não outra pessoa que define) aqueles objetos como internos ou externos (Borba; Villarreal, 2005).

De acordo com Cifuentes (2005), visualizar é ser capaz de formular imagens mentais e está no início de todo o processo de abstração. Para esse autor, o aspecto visual na Matemática não deve ser associado apenas à percepção física, mas também a um modo de percepção intelectual, relacionada à intuição matemática. Ele chama a atenção ainda para o fato de que, nesta ciência, dá-se pouca ênfase à intuição e aos processos de pensamento ligados a ela, como a visualização, os argumentos narrativos e indutivos.

Nessa perspectiva, os computadores não são apenas assistentes dos matemáticos, mas transformam a natureza da própria Matemática, e, portanto, são vistos como atores do coletivo pensante. No contexto da Educação Matemática, a visualização é parte dos processos de ensino e aprendizagem, de produção matemática dos alunos. E, como sugere Garnica (1995), os olhos podem ser valorizados como um órgão que possibilita a descoberta. Sendo assim, quando não temos acesso a representações externas, identificáveis aos olhos, recorremos às representações internas, construídas ao longo de experiências matemáticas.

Portanto, a visualização tem valor pedagógico e está relacionada à compreensão dos estudantes, que se pode traduzir em representações internas ou externas, com o uso de mídias e sem ele. Com o avanço das tecnologias, entretanto, ela tem estado muito associada às mídias, especialmente ao computador.

Assim sendo, a visualização é considerada como um recurso para a compreensão matemática, e o computador pode ser usado para testar conjecturas, para calcular e para decidir questões que têm informações visuais como ponto de partida. Para Lourenço (2002, p. 107), a informática pode contribuir sendo um "indutor de demonstrações", ou "um elemento auxiliar na busca de resultados", ou ainda um "incentivador de pesquisas".

Pensando sobre esses aspectos, ao estruturar os cursos *Geometria com Geometricks* e *Funções com Winplot*, os softwares foram as tecnologias escolhidas para possibilitar a visualização externa, *a priori*; e o ambiente da videoconferência oportunizou o compartilhamento das construções neles realizadas, fomentando a interação e o diálogo, ao se discutir as atividades propostas.

Problemas matemáticos na videoconferência

O CASO DA GEOMETRIA

Considerando as questões expostas e discutidas anteriormente, apresentaremos nesta seção exemplos de atividades que foram propostas para os alunos-professores nos cursos oferecidos à Fundação Bradesco. Elas se basearam no enfoque experimental-com-tecnologias, ou seja, os participantes, com auxílio dos recursos tecnológicos, deveriam investigar os problemas propostos. É importante destacar que, ao longo das discussões e construções, todos os alunos-professores participavam, falando, ouvindo e manipulando o software. Para exemplificar trazemos inicialmente uma atividade[4] que abordava questões de simetria, cujo enunciado era:

> ENCONTRANDO AS SIMETRIAS
>
> a) Se sentir necessidade, reveja o que é uma simetria axial.
>
> b) Utilizando o arquivo *"ativsim1.tri"*, encontre as figuras simétricas em relação aos eixos x e y dados.

As figuras enviadas no arquivo "ativsim1" foram:

[4] Essa atividade foi adaptada do livro didático adotado pela Fundação Bradesco no ensino fundamental (IMENES; LELLIS, 1997).

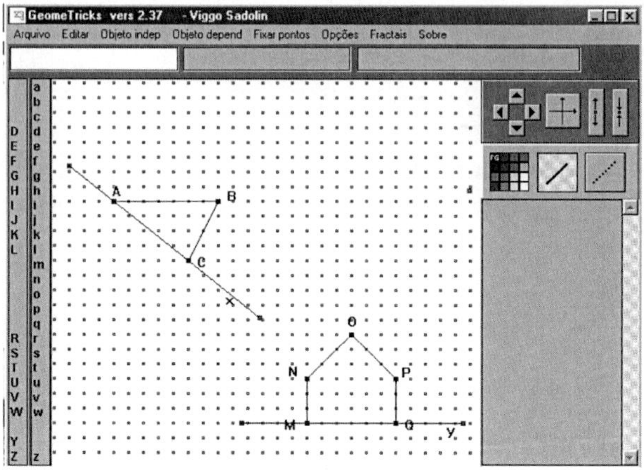

FIGURA 6

Um arquivo foi disponibilizado para os alunos-professores, no ambiente do curso, com uma figura MNOPQ já construída (FIG. 7), pedindo que fosse encontrada a figura simétrica a ela, com relação ao eixo "q". Observamos no enunciado, que a simetria deveria se manter mesmo que os vértices fossem arrastados pela tela.

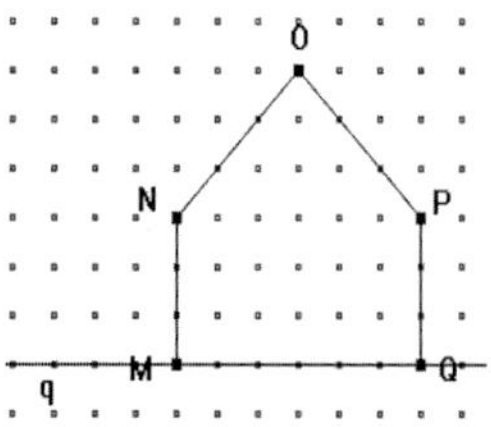

FIGURA 7

As atividades desenvolvidas pelos alunos-professores eram enviadas aos professores antes do encontro síncrono e isso permitia o planejamento da aula, de forma a aproveitar positivamente os erros, levantando questões para que os participantes percebessem quais eram os erros e por que esses foram cometidos, sendo as respostas "corretas" apresentadas pelos próprios colegas, sem necessidade de fazer referência direta ao(s) autor(res) do erro se não fosse necessário. Dessa maneira, o conhecimento poderia ser produzido de forma coletiva, sem expor os participantes do curso.

A maioria enviou a atividade fazendo uso do plano cartesiano para encontrar os pontos simétricos, contando a distância dos pontos até o eixo e marcando abaixo dela os pontos com a mesma distância com relação à q. O resultado visual é apresentado na FIG. 8:

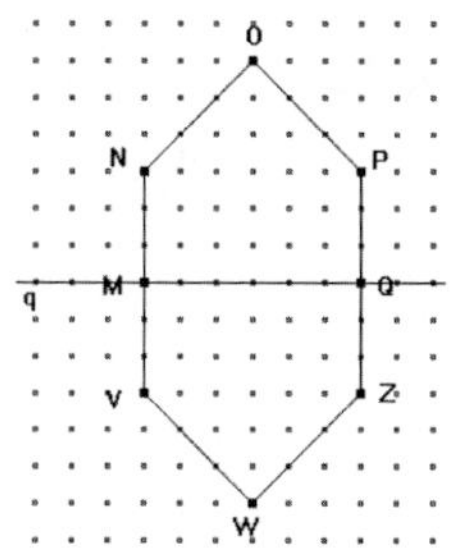

FIGURA 8

Escolhido voluntariamente um aluno-professor para "dominar a caneta", essa construção foi realizada no encontro síncrono, sendo guiada por outro aluno-professor que estava no comando da fala, como um "narrador de esporte". Questionamentos surgiram no decorrer da construção como: MVWZQ é simétrico à MNOPQ? Por quê? As discussões eram inevitáveis. Algumas das manifestações foram afirmativas, o que gerou observações sobre as possibilidades do "arrastar", observando que se o vértice fosse arrastado a simetria entre as figuras seria perdida (FIG. 9).

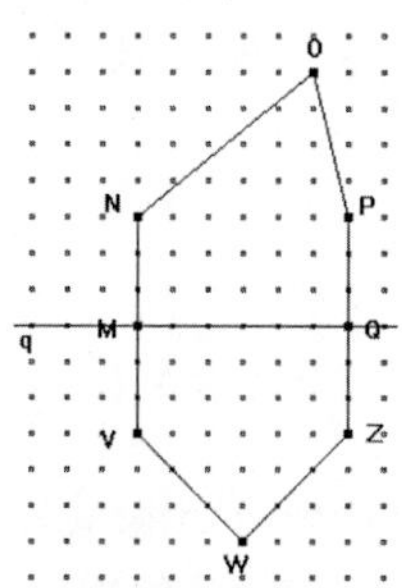

FIGURA 9

Poucos observaram que o próprio enunciado chamava atenção para esse fato e foram questionados sobre como poderia ser feita uma construção que resistisse ao arrastar. Aspectos teóricos também foram abordados, justificando a busca por uma solução que resistisse ao arrastar. Para Laborde (1998) e Olivero *et al.* (1998), entre outros pesquisadores da área, um quadrilátero, por exemplo, com quatro lados iguais e quatro ângulos retos só é considerado um quadrado num software de geometria dinâmica se passar pela "prova do arrastar", ou seja, quando, ao ser arrastado um de seus vértices, ele continuar com quatro lados e ângulos iguais, mantendo suas propriedades. Caso contrário, dizemos que não há a construção de um quadrado, e sim o seu desenho.

Algumas sugestões foram feitas verbalmente com o intuito de encontrar a figura simétrica a MNOPQ que resistisse à prova do arrastar. Um voluntário aceitou o desafio e pediu a "caneta" para realizar a construção. Os conceitos utilizados na atividade, anteriormente desenvolvida, foram relembrados e associados a essa figura, e usando circunferências (de centro em M e em Q e raios MN, MO, MP, QP, QO, QN) fazendo o papel do compasso, e perpendiculares ao eixo, passando pelos pontos N, O e P (que não pertenciam ao eixo), a figura simétrica foi encontrada de modo que, mesmo arrastando um de seus vértices, MNOPQ e MVWZQ mantinham-se simétricas (FIG.10).

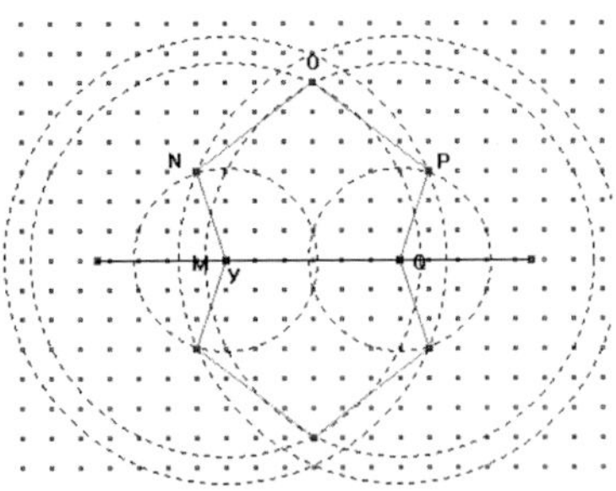

FIGURA 10

Outro exemplo ressalta a interação, nesse caso entre professor e aluno, que aconteceu na exploração de uma atividade sobre semelhança. A atividade tinha a seguinte proposta:

EXPLORAÇÃO INICIAL

1) Construa um quadrilátero ABCD com as seguintes medidas de ângulos:
$\hat{A} = 100^{o}$; $\hat{B} = 70^{o}$; $\hat{C} = 80^{o}$; $\hat{D} = 110^{o}$
2) Construa uma figura semelhante à primeira.

Ao propor a discussão dessa atividade, foi perguntado se alguém se dispunha a desenvolvê-la. André "pediu a caneta" e de sua posse começou a realizar a construção. Marcou dois pontos A e B e os uniu por um segmento. Posteriormente, construiu uma reta que passava por A, com ângulo de 100° com o segmento AB. Em seguida, inseriu uma segunda reta que passava por B, formando 70° com AB. Para isso, usou o comando "Ângulo (po, re, medida)", para o qual devem ser clicados: o ponto em que se quer construir a reta; a reta ou segmento em que será formado o ângulo desejado; e a medida do ângulo entre as duas retas. Nesse caso, por exemplo, primeiramente foi clicado no ponto A, depois no segmento AB e em seguida digitada a medida de 100°. Como o software considera o ângulo sempre no sentido anti-horário, para marcar a reta que passa por B, com 70° em AB é preciso digitar a medida do seu ângulo suplementar, digitando 110° (FIG. 11).

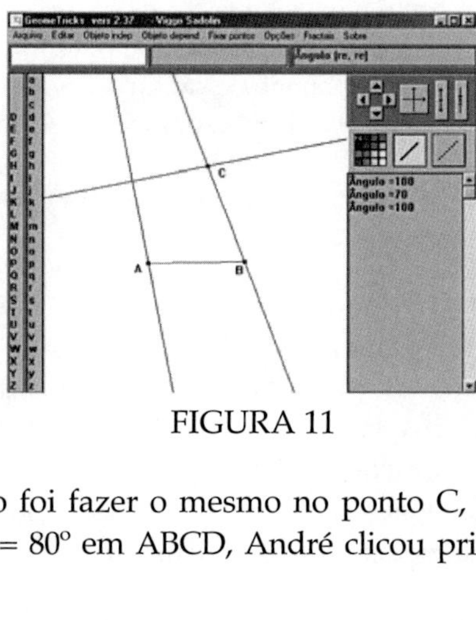

FIGURA 11

Quando foi fazer o mesmo no ponto C, para encontrar o ângulo $\hat{C}$ = 80° em ABCD, André clicou primeiramente no ponto C e, em seguida, na reta que passa por B e C. Ao verificar se estava correto seu procedimento, visualizou o inesperado "100º" em $\hat{C}$. A sua reação e o encaminhamento do professor ilustram o trabalho coletivo dos encontros síncronos e podem ser acompanhados pela transcrição abaixo:

> **André**: Vamos só verificar se o ângulo é de 80 graus. Vamos lá em 'observações'..., 'ângulo (reta, reta)"..., no sentido anti-horário..., primeira reta, opa!, segunda... 100 graus? Acho que a gente fez alguma coisa errada... Por favor, Marcelo, socorro!
>
> **Marcelo**: Olha, vamos fazer essa pequena parte aqui, atendendo o pedido de socorro do André aqui... (risos). Mas tá ótimo aqui... Então nós vamos aqui... 'apagar último objeto', e vamos aqui 'objeto dependente', 'ângulo (ponto, reta, medida)'. Então... ponto, reta, e... aqui agora vamos ver o seguinte, estamos no sentido anti-horário... Então se nós pusermos aqui, a intuição nossa é de colocarmos aqui o ângulo 100 para que dê 80, vamos testar essa hipótese... Então... e saímos... porque ele está no sentido anti-horário e ele está considerando aquela reta, aquele ponto, então nós fizemos aonde o cursor está passando o ângulo de 100, o que significa que o ângulo interno vai ser de 80, foi só esse o detalhe que os colegas de São Luís esqueceram, mas isso estamos aqui maravilhados Rúbia e eu, e eu já digo isso, porque não só os colegas estão fazendo, mas a maneira que Rúbia e eu pensamos fazer era não tão eficiente quanto essa. Então essa maneira que os colegas de São Luís estão fazendo é melhor do que aquela que Rúbia e eu pensamos e fizemos, tanto no ano passado, como agora essa semana, recapitulando, preparando essa aula.

Nesse trecho podemos perceber a interação entre aluno e professor, que colaboravam com o objetivo de realizar a construção requisitada pela atividade. O erro de André não desmereceu sua resolução. Ao contrário, a possibilidade de compartilhar as soluções no software enriquecia a troca entre os participantes e, nesse caso, sua resolução foi mais apropriada do que a pensada pelos professores, merecendo ser valorizada.

Um segundo exemplo que julgamos interessante ilustra a abordagem investigativa do curso. As atividades foram elaboradas de forma a estimular os alunos a encontrarem justificativas às suas respostas. Elas eram abertas e poderiam ter solução única mas, em sua maioria, essa poderia ser encontrada percorrendo-se diferentes caminhos. Muitos sabiam usar as propriedades matemáticas no desenvolvimento das atividades, mas não conseguiam justificá-las. Hipóteses e conjecturas eram levantadas no decorrer das atividades, sem que houvesse uma explicação.

Quando as justificativas e as argumentações não eram exploradas nos encontros síncronos, eram desenvolvidas de modo assíncrono e compartilhadas, possibilitando a troca de ideias entre alunos-professores e professores ao longo da semana. Em sua prática docente, poucos sentiam necessidade de procurar justificativas matemáticas para as conclusões obtidas e, dessa forma, não estavam familiarizados com esse tipo de proposta. Juntos, certamente poderiam valer-se de ajuda mútua, ou mesmo se apropriar da solução apresentada por um colega. Em alguns momentos foi sugerido até que os alunos-professores tentassem realizar uma demonstração formal do problema em questão. Como exemplo, podemos mencionar uma atividade de exploração das bissetrizes de um paralelogramo, a qual possuía a seguinte proposta:

EXPLORANDO BISSETRIZES DE UM PARALELOGRAMO

1. Construa um paralelogramo ABCD
2. Trace as bissetrizes dos ângulos internos deste paralelogramo.
3. As quatro bissetrizes formam um quadrilátero EFGH
4. O que você pode dizer sobre o quadrilátero EFGH?
5. O que acontece quando você arrasta os pontos A, B, C ou D?
6. Que condições são necessárias para que o quadrilátero EFGH seja um quadrado?
7. Que quadrilátero você obtém, quando traça as bissetrizes do quadrilátero EFGH? Justifique sua resposta.
8. O que acontece no caso de ABCD ser um quadrado? Por quê?

Após a leitura da atividade e a construção dos itens um a três, os alunos-professores foram questionados sobre o quadrilátero EFGH (questão quatro).

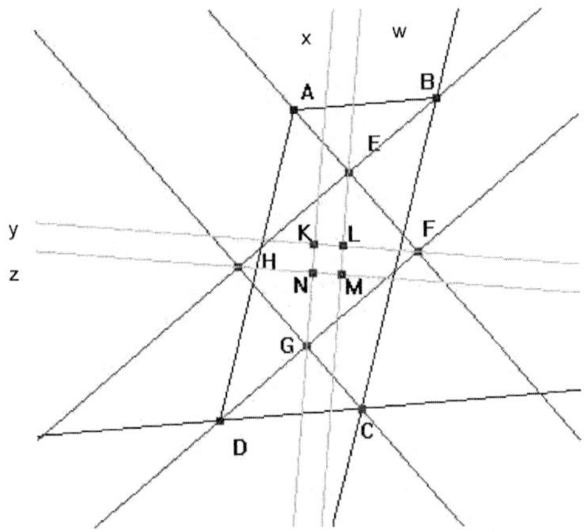

FIGURA 12

Elaine afirmou que EFGH é um paralelogramo. Em seguida Artur supôs que fosse um retângulo. Neuza também era dessa opinião. Marcelo, enquanto professor, tentou fazer perguntas que suscitassem a reflexão e a busca por justificativas, aproveitando as sugestões dos alunos-professores. Para isso, questionou, inicialmente, se todo retângulo é um paralelogramo. Pedro observou que para isso bastava checar se a medida dos ângulos era 90°, utilizando-se do menu do software. Isso foi feito e, a partir de então, confirmou-se essas medidas, tendo ficado esclarecido que, como está presente na maior parte dos livros, o retângulo é um caso particular do paralelogramo, mas faltava uma explicação matemática que justificasse as medidas dos ângulos encontrados.

Marcelo: O problema é que, além da medida dos ângulos feita pelo Geometricks, se nós podemos por uma demonstração, introduzir para um aluno da sétima, oitava, alguém que a gente fazendo essa construção de bissetrizes assim, por exemplo, no quadro negro, ou mesmo aqui com o Geometricks, de que nós vamos ter ali dentro um retângulo. Alguém conseguiu fazer isso? Ou, se alguém não conseguiu fazer isso nós vamos abrir um fórum para tentar, vamos estar colocando esta questão no fórum, sobre uma demonstração, eu e a Rúbia vamos estar dando o primeiro passo, uma dica, caso ninguém apresente o início da demonstração, ou quem sabe até a demonstração inteira, até segunda-feira, ok?!

Além de justificar que EFGH é um retângulo, procuramos argumentos para a hipótese de Pedro: "Uma coisa que nós observamos também é que, quando você traça as bissetrizes do retângulo, no centro do retângulo você vai ter um quadrado". Os trechos que se seguem ilustram a participação dos colegas.

Lincoln: Professor, uma coisa que a gente pode observar, se você pegar a bissetriz que passa pelo vértice E, a intersecção dela com o lado seguinte do nosso retângulo, forma aí, se a gente puder medir o lado EF e o F ir até o ponto de intersecção e descobrirmos que tem dois lados iguais, então a gente pode ver que a intersecção vai determinar um lado de um quadrado, lados iguais consecutivamente, se você pudesse marcar a intersecção na bissetriz que passa no vértice E interceptando o lado FG, a gente pode ver que parece formar um quadrado EF e F à intersecção. O ângulo, e como é a bissetriz, se o ângulo é 90º, temos 45º. E podemos ver também que o triângulo ELF é um triângulo isósceles, por ter os lados iguais? Se a gente puder estar provando aí essa relação entre essas figuras até chegar o ângulo do quadrado ou como se diz, quadrado, estamos tentando provar a tese se é um quadrado ou não.

Marcelo: Olha, a ideia acrescentada pelo Lincoln é muito interessante, analisando o triângulo ELF é um triângulo que vai ter os seus ângulos internos, o ângulo E vai medir 45º, visto que é a bissetriz do retângulo. O ângulo interno desse triângulo que dois lados azuis

> e um vermelho, o ângulo F vai ter também 45° e, portanto, o ângulo L tem 90°. Então esse é um triângulo isósceles. E então como que nós fazemos para concluir esse raciocínio de que KLMN é um quadrado?

Lincoln, envolvido, deu sequência ao problema:

> **Lincoln**: Procede então o que foi comentado, mesmo assim, chegando à conclusão que K, L e M são ângulos retos ainda podemos afirmar que é um quadrado? Porque falta agora medir essas distâncias, né?! KL, LM, MN e NK, distância iguais, ou seja, os lados mantendo, os lados congruentes, mesmo valor, podemos então chegar à conclusão de que seria então um quadrado, ou não procede o que a gente está, o que estou afirmando?

O desafio, nesse momento, era encontrar uma justificativa para medidas iguais dos lados de KLMN. Maria Divina deu início a esta parte e o debate se seguiu até que foi preciso fechá-lo por falta de tempo:

> **Maria Divina**: Eu estava observando a bissetriz E que passa a uma mesma distância da bissetriz G, e se você observar a bissetriz F passa também a uma mesma distância da bissetriz H. [...]. Se as quatro paralelas, as perpendiculares, podemos observar essa questão aí do paralelismo e perpendicularismo. Dá para realmente saber que a distância é a mesma.
>
> **Marcelo**: Maria, eu acho que ainda está faltando um argumento, já está claro que os ângulos são 90°, portanto as retas azuis são paralelas duas a duas, ou seja, y é paralela a z, tá ok?! E x é paralela a w. Mas como que daí eu concluo que KL, eu posso concluir que KL é, então, paralelo a MN, mas como que daí eu vou... Como os ângulos são iguais eu posso dizer que KL é congruente com MN, mas como dizer que KL é congruente com KN? Essa que é a pergunta que falta resolver. Resolvida essa, se KL for congruente a KN, fazemos um raciocínio semelhante para dizer que KL é congruente a LM, aliás nem precisa, porque já que são paralelos já está resolvido o assunto. Alguém tem uma sugestão?

Pedro: A ideia seria pensar assim, se nós temos o triângulo ELF, colocando o segmento EL e temos um segmento um pouquinho maior na mesma linha EM. A subtração desses segmentos EM – LE, dá o segmento do quadrado, quer dizer, que é a tese que a gente está tentando provar que é o quadrado. Da mesma forma, a gente pega o ponto H, onde está a bissetriz desse vértice, mede a distância HM, HN, subtrai essas duas distâncias, como eu sei que os segmentos NH e LE são praticamente congruentes, têm o mesmo valor, então eu posso concluir que MN e LN têm a mesma medida, podemos chegar à conclusão que realmente é um quadrado, procede?

Marcelo: Prezado Pedro, essa é uma das dificuldades talvez de fazer Geometria a distância, mas não me pareceu, se é que eu pude acompanhar os passos, eu não acho que houve uma conclusão ainda sobre isso (tempo).

Rúbia: Lincoln, para eu entender então o que você está comentando, se isso que você falou for válido, está resolvido, porque aí LM vai ser igual a MN. Agora a minha dúvida é, como que você está garantindo que EM é exatamente igual a HN e aí, então, por que que você falou que HN é igual a EL, ok?! (tempo)

Marcelo: Pessoal, nós estamos com o tempo terminando e esta questão fica aqui em aberto aqui agora. É claro que medir os ângulos da maneira como foi proposto nós íamos ver, e medindo os segmentos, nós íamos ver que era um quadrado. A questão então que está em aberto é ainda provar que aquele KLMN é um quadrado, estamos quase chegando lá! Mas não tem problema e essa demonstração pode ser omitida de um aluno às vezes da quinta a oitava série, ele apenas ia experienciar que é um quadrado, mas talvez já haja espaço para fazer isso no ensino médio, tá ok?!

A discussão dessa atividade se estendeu para uma interação coletiva além dos encontros síncronos, visto que, por *e-mail*, demonstrações elaboradas foram compartilhadas.

Com esse exemplo, é possível perceber que alunos-professores levantaram hipóteses e procuraram justificá-las, explorando o quadrilátero EFGH formado pelas bissetrizes da figura original ABCD e o quadrilátero KLMN formado pelas bissetrizes de EFGH. As ideias e os argumentos foram compartilhados coletivamente, no momento que surgiam. O encontro síncrono possibilitava o diálogo simultâneo e a interação entre todos os envolvidos no processo de produção do conhecimento.

Essa atividade ilustra ainda que as conjecturas eram, muitas vezes, levantadas pelos próprios alunos (foram eles que concluíram sobre EFGH ser um retângulo e KLMN ser um quadrado) e que os argumentos eram encadeados coletivamente. Havia troca de conhecimento entre os colegas, que procuravam argumentar, ainda que informalmente, sobre a validade das propriedades em cena. As ideias iam sendo compartilhadas pelo diálogo e diferentes possibilidades eram apontadas. O pensamento era coletivo em um processo de aprendizagem de proposições e "argumentações matemáticas". Essa costuma ser uma atividade individual, cada um com seu livro, lápis e papel, na maioria das nossas experiências presenciais e a distância. Professores apresentam algumas demonstrações, explicam como é o processo de encadeamento de argumentos e convidam os alunos a tentar desenvolvê-lo. Apoiados em resultados, proposições, etc., demonstramos teoremas pensando com lápis, papel e livro. Essa é a prática usual em aulas de Matemática.

O curso foi espaço para uma nova forma: a demonstração acontecia colaborativamente, em um ambiente *online*. Os argumentos não eram apresentados, ou mesmo elaborados, por uma única pessoa, e sim construído a partir de contribuições de diferentes participantes. Não era possível identificar "o" autor desse processo, e os participantes pensavam com o *Geometricks*, com os colegas, e possivelmente cada pessoa tinha em mãos ainda lápis e papel.

Acompanhar esse encadeamento de justificativas não era trivial, mesmo visualizando as figuras na tela do computador. Talvez por ser uma prática diferente daquela que estamos acostumados, era difícil seguir as distintas linhas de raciocínio que surgiam e nem sempre se complementavam. Em tempo real, era preciso seguir o raciocínio dos colegas, que não necessariamente tinham uma sequência lógica. Na oralidade, não há, em muitos momentos, linearidade, "comum" na escrita, por exemplo. Cada um compartilhava seus raciocínios com os demais, e era preciso esforço para acompanhá-las e organizá-las.

O caso das funções

Nessa seção, vamos apresentar um exemplo no qual dois softwares foram utilizados no curso *Funções com Winplot*. Esse exemplo ainda ilustra como uma aluna-professora se apropriou do *Geometricks*, depois de tê-lo explorado no curso *Geometria com Geometricks*, propondo uma solução que o integrava ao *Winplot*, na turma que fez o curso no segundo semestre de 2006.

Se considerarmos que o curso era desenvolvido para professores de Matemática, podemos afirmar que a atividade tinha uma proposta simples:

ATIVIDADE
Construa os gráficos das funções $y = x$, $y = 2x$ e $y = 2x + 1$. Aponte similaridades e diferenças entre essas funções, em aspectos como domínio, imagem, raízes, inclinação, etc.

Essa era a primeira atividade que os alunos-professores teriam que desenvolver sozinhos e enviar a solução antes do encontro para nesse discuti-la. O objetivo era iniciar a familiarização com os recursos do *Winplot*, com conteúdos desenvolvidos frequentemente em sala de aula. Durante a videoconferência, de "posse da caneta", Alessandro construiu as três funções:

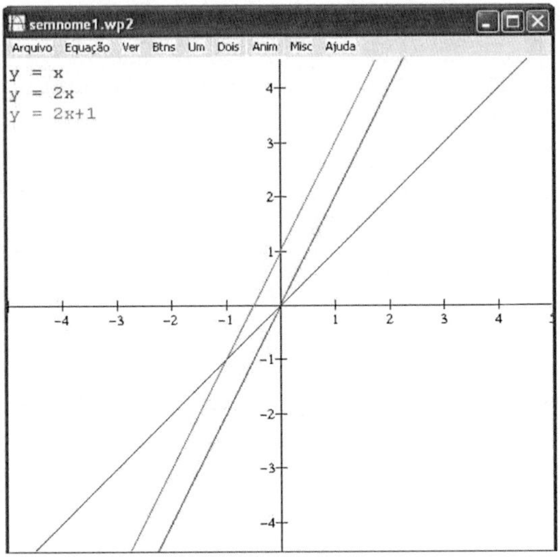

FIGURA 13

Analisando as similaridades e diferenças, Neuza apontou que a função y=x é a identidade e que, graficamente, essa reta "corta" o 1º e o 3º quadrante. Observou ainda que o seu ângulo com o eixo X é 45º e que tem coeficiente angular 1. Quanto à função y=2x, afirmou que seu coeficiente angular é 2, com inclinação da reta de aproximadamente 63º, assim como a função y=2x+1, que foi transladada para a esquerda, sendo ambas paralelas entre si.

O professor questionou como esse valor de 63º havia sido encontrado. Neuza esclareceu que, para isso, utilizou o *Geometricks*. Esse software foi, então, aberto para que a solução pudesse ser apresentada. A função y=2x+1 foi construída:

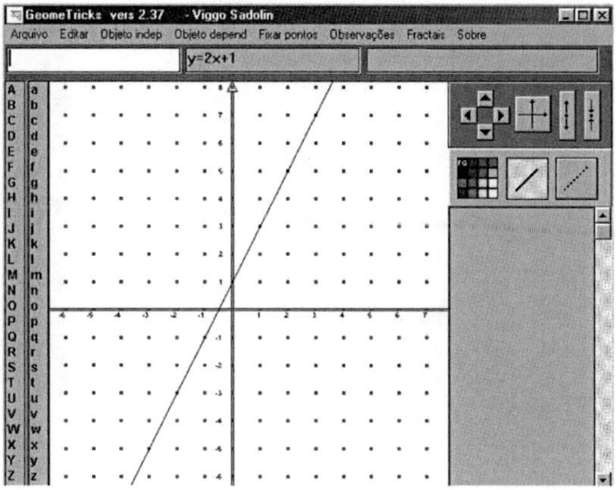

FIGURA 14

No entanto, como o *Geometricks* não considera a interseção dos eixos com a reta construída, seria necessário que uma reta sobre o eixo X fosse traçada para, então, ser calculado o valor do ângulo. Surgiu, nesse momento, uma participação ativa dos colegas, com sugestões de outras possibilidades. Waldeir sugeriu que fossem criados dois pontos sobre o eixo X e, em seguida, traçada a reta que passa por eles. O professor perguntou se não havia uma alternativa ainda mais fácil, e Adeilton aconselhou que fosse traçada a função y=0. Com as retas traçadas, foi possível encontrar o valor do ângulo com recursos do software: 63,44°.

O professor chamou a atenção para o fato de que a Neuza já pensa com o *Geometricks*, uma vez que preferiu recorrer a ele para encontrar o valor do ângulo de inclinação da reta, mesmo o curso sendo desenvolvido com o *Winplot*. Ele ainda observa que, enquanto a Neuza expunha sua ideia, ela pensou na possibilidade de calcular a medida do ângulo a partir de um triângulo retângulo e questionou os alunos-professores como esse processo poderia ser feito.

Adeilton sugeriu a utilização da tangente do ângulo, e o professor respondeu com outra pergunta: como usar a tangente de um ângulo sem ter a medida dele? Adeilton então sugere a análise do triângulo retângulo (FIG. 15, aqui representado para destacá-lo) de coordenadas (2,1), (0,1) e (0,5).

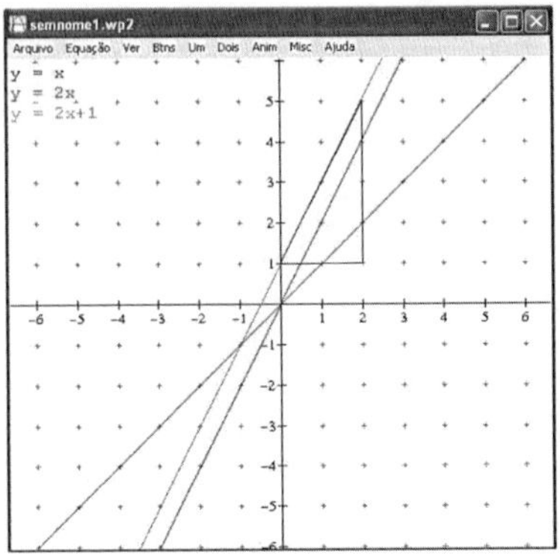

FIGURA 15

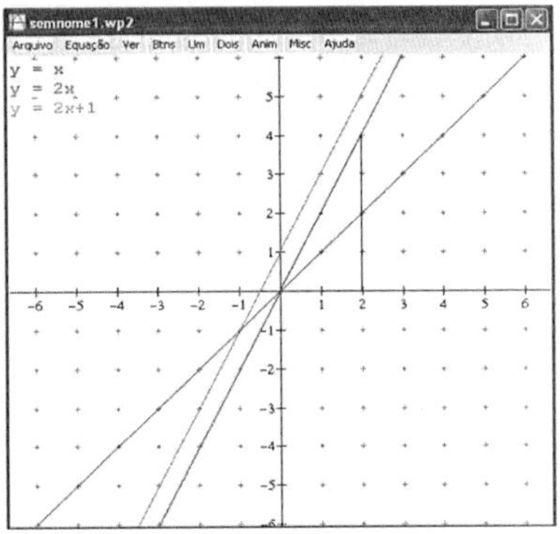

FIGURA 16

O professor concordou e observou que tinha pensado no triângulo de coordenadas (2,4), (2,0) e (0,0), como ilustra a FIG. 16. Esclareceu que, dessa forma, estaria considerando a função y=2x, e não y=2x+1, mas, como Neuza havia exposto, o ângulo de inclinação das duas retas era o mesmo. Como a tangente é definida como a razão entre as medidas do cateto oposto e do cateto adjacente, foi possível perceber que a tangente do ângulo procurado era 2.

A pergunta em aberto, então, era: qual a função que deve ser utilizada para encontrar o ângulo, se era conhecido que sua tangente tinha valor 2? José Ivan sugeriu que fosse recorrido à calculadora e Adeilton complementa indicando que a função a ser requisitada na calculadora deveria ser a arcotangente.

Essa situação elucida que as pessoas podem pensar de forma diferente, dependendo da disponibilidade de mídias distintas. Como o curso tinha o objetivo de explorar o tema funções e familiarizar os alunos-professores com o *Winplot*, as atividades foram propostas para essa mídia. Aparentemente, o natural seria, então, tentar resolver o problema com esse software.

No entanto, o que percebemos é que, após o curso de Geometria, Neuza passou a utilizar o *Geometricks* com frequência (ela havia relatado o constante uso desse software em suas aulas) e a pensar com ele. Para ela, o *natural* era, então, recorrer a essa mídia para resolver seu problema.

Já o professor do curso carregava consigo uma prática docente em que a calculadora é o recurso tecnológico utilizado com maior frequência. Quando pensou em confirmar se a resposta dada pela Neuza estava correta, foi logo imaginando qual seria o caminho a ser trilhado com essa mídia.

Embora as soluções numéricas encontradas tenham sido as mesmas, aproximadamente 63°, o caminho percorrido e os conceitos matemáticos abordados foram diferentes. E, como os participantes podiam compartilhar suas soluções em um ambiente colaborativo, era possível visualizar todas essas alternativas e ainda complementar as apresentadas pelos colegas.

Educação a Distância online em ação

Os exemplos aqui apresentados ilustram que a videoconferência propiciou que uma construção fosse iniciada por um aluno-professor, prosseguida por um momento pelo professor ou por outro aluno-professor, num processo colaborativo. Outros exemplos, tais como esses, foram desenvolvidos durante os cursos e os participantes também avaliavam positivamente a possibilidade de resolver problemas de forma coletiva durante as sessões síncronas, apesar da lentidão desse tipo de proposta pedagógica, pois questões técnicas tornavam a construção mais lenta, e também o ritmo dos alunos-professores era diferente do ritmo dos professores, já que estes não tinham a mesma familiaridade com a plataforma e com as atividades. As palavras de um deles traduz isso:

> **André**: Nós também temos uma avaliação positiva. Aparentemente, essa coisa de estar passando o comando para os colegas dá uma ideia de lentidão, mas acaba sendo muito interessante, a gente vai percebendo as dificuldades de cada um. É extremamente positivo. (2ª edição do curso *Geometria com Geometricks* no primeiro semestre de 2005)

A opinião dos alunos-professores ainda ressalta que as trocas acontecem não apenas a partir das experiências dos professores, mas das dos próprios colegas, impulsionando a colaboração pela possibilidade de "usar a caneta":

> **Marcos:** [...] dinamismo da aula acontece, aonde é dada a caneta, justamente é até colocada situações em que não estavam sendo esperadas por vocês aí [professores], e os colegas colocam essas situações e fica fácil também para a gente do outro lado entender bem melhor. E quero dizer, então, que dessa forma tirei bastante as minhas dúvidas e passei a ter um entendimento bem maior daquele que eu tinha. (1ª edição do curso *Funções com Winplot*, realizado no primeiro semestre de 2006)
>
> **Neuza:** A aula para nós hoje teve um grande rendimento [...], e conseguimos tirar nossas dúvidas durante a explanação, tanto do professor Marcelo, da professora Rúbia, como também dos colegas das outras escolas da Fundação. (2ª edição do curso *Funções com Winplot*, realizado no segundo semestre de 2006)

Os alunos-professores ainda ressaltaram que a colaboração na construção coletiva era mais interessante do que nas construções em que eram apenas "telespectadores" de uma única solução apresentada pelos professores, mesmo que a solução fosse uma daquelas por eles enviadas. Avaliamos que esta colaboração virtual criou uma ligação que não fora vivenciada quando tais recursos técnicos não foram utilizados. A discussão sobre "construção *versus* desenho" não é nova na literatura, mas acreditamos que seja original quando presenciada em um curso a distância, tendo nascido da colaboração entre alunos-professores.

Os exemplos apresentados neste capítulo ilustram o papel da mídia no processo de produção de conhecimento. Com recursos da videoconferência, a colaboração foi qualitativamente diferente daquela apresentada nos cursos que se utilizaram do *chat*. Também distinta foi a forma de pensar uma mesma atividade com as tecnologias de que dispunham: diferentes softwares e calculadora. Esse é o tema que vamos aprofundar no próximo capítulo.

Capítulo IV

Seres-humanos-com-internet

Em Borba e Penteado (2001), já foi discutido que os computadores não têm papel secundário na forma como o conhecimento é produzido. O lápis e o papel moldam a maneira como uma demonstração em Matemática é feita; a oralidade realiza processo análogo quando uma ideia é amadurecida; e um software gráfico, ou uma planilha eletrônica qualquer que gera tabelas e gráficos, pode transformar o modo como um determinado assunto, ou como um tópico específico, no contexto da Matemática, por exemplo, é abordado.

A título de ilustração, podemos destacar o trabalho de Benedetti (2003), que, ao utilizar um software gráfico, permitiu que estudantes elaborassem conjecturas sobre funções de um modo que não é usual na 8ª série. Pesquisas como essa ou as de Scucuglia (2006), Accioli (2005) e Borba (1993), ilustram como que a presença de um software ou de uma calculadora gráfica modificam significativamente a forma como o conhecimento é produzido em ambientes educacionais. Malheiros (2004) discute como softwares participam ativamente na elaboração e na solução de problemas abertos elaborados por alunos, ampliando e acrescentando novas camadas aos estudos de Borba *et al.* (1999a, 1999b), dentro da tendência em Educação Matemática chamada de Modelagem.[1] Em comum nesses estudos, e em um

[1] Esta tendência será apresentada no capítulo V.

grande universo de outros trabalhos, é o fato de o aluno não só ouvir o professor, ou escrever a resolução de um exercício ou demonstrar um resultado. Ele faz isso também, mas essas atividades são precedidas de experimentação, com auxílio das tecnologias, quase no mesmo sentido que um aluno faria um experimento em uma aula de Ciências Naturais. Em alguns dos casos, as atividades são também seguidas de verificações ou elaborações de novos problemas em que as mídias informáticas participam ativamente.

A contínua análise de exemplos como esses, que se iniciou em Borba (1993), assim como a interpretação e adequação da ideia de autores como Lévy (1993) e Tikhomirov (1981), levaram à ideia de que os softwares são atores na produção de conhecimento, o qual passaria a ser produzido por seres humanos e também por interfaces tecnológicas. Nesse sentido, a discussão de *design* de softwares e de formas de interatividade do ser humano com os computadores deixou de ser apenas objeto de estudo de uma área da Ciência da Computação, HCI,[2] e passou também a ser objeto de estudo da Educação (Matemática).

A percepção de que a participação das mídias informáticas é tão relevante, no contexto educacional, gerou a ideia de que o pensamento é reorganizado por uma dada tecnologia e que o conhecimento matemático é gerado por coletivos de humanos e não humanos. Tais ideias vêm sendo desenvolvidas desde a década de 90, e publicadas originalmente em Borba (1994; 1996; 1999a) para dar conta de que não somente as mídias informáticas moldam a produção do conhecimento, mas também a oralidade e a escrita, da forma como propôs Borba (1993). Influenciado pela forma como Lévy e Tikhomirov discutem a relação entre tecnologias e seres humanos, essas ideias foram ampliadas e sintetizadas em Borba e Villarreal (2005), que, apoiados em um vasto conjunto de pesquisas, afirmam que o conhecimento é produzido por coletivos de

[2] Human-Computer Interection, ou Interação Humano-Computador. Mais detalhes em: <http://www.espacoacademico.com.br/025/25amsf.htm>. Acesso em: 31 mar. 2014.

seres-humanos-com-mídias. Seres humanos são fundamentais para a produção de conhecimento, assim como uma mídia também o é. Esse construto sugere que necessitamos de um meio de expressão, de uma mídia, para produzirmos conhecimento. Nesse sentido, Borba afirma que "o conhecimento, que aqui é visto como fortemente influenciado pelas mídias utilizadas, não é apenas influenciado pela forma como é expresso, mas ele é moldado por essa mídia" (2002, p. 150).

Nessa visão, a demonstração em matemática é produto de humanos, mas também do lápis e do papel, e virá a ser transformada pelas mídias informáticas caso essas continuem a se propagar de forma incontrolável por quase todos os aspectos da vida humana e do mundo. De forma mais intensa, a fala já está sendo alterada pela mediação cada vez mais crescente de mídias informáticas, como no caso da videoconferência em que ela deve ser mais pausada, por exemplo. Essa perspectiva de produção de conhecimento implica que ele está sempre em transformação graças às mudanças de humanos e de mídias. É esta perspectiva que tem permeado os trabalhos de nosso grupo de pesquisa, GPIMEM. Essa visão parece ter ecos em outros autores como Toschi e Rodrigues (2003), que afirmam que as tecnologias são criações humanas, mas estão impregnadas de informações, assumindo uma dimensão cultural. Em nossa visão as tecnologias, em particular as da informação, estão impregnadas de humanidade e isso pode ser visto pela forma como gostamos da interface de dado software ou não. É por isso que não enfatizamos a dicotomia ser humano *versus* tecnologia e afirmamos que o conhecimento pode ser visto como um produto de coletivos de seres-humanos-com-mídias.

Nos últimos anos, já influenciados por essas ideias e por nossas experiências em EaDonline, temos levantado diferentes perguntas como: "É possível que o construto seres-humanos-com-mídias seja também aplicado ao contexto da EaDonline?" ou "A internet transforma a forma como a Matemática é produzida em cursos *online*?"

Uma primeira resposta que tematiza essa possibilidade de a internet transformar a Matemática vem sendo desenvolvida desde que começamos a pesquisar nesta área. Inicialmente, procurávamos encontrar em nossas práticas *online* algo semelhante àquilo que nos era propiciado quando utilizávamos softwares gráficos para funções, ou seja, mudanças qualitativas na natureza do conhecimento gerado. Buscávamos por algo que diferenciasse a matemática produzida em AVAs daquela no quadro negro, da mesma forma que visualização e experimentação diferenciam o estudo de funções com softwares gráficos daquele feito com lápis e papel.

Dessa forma, em nossas primeiras pesquisas em cursos de EaDonline, que se utilizavam de salas de bate-papo, conforme apresentado no capítulo II, surgiram conceitos como o multiálogo. Na sala de aula usual, as normas de convivência sugerem que apenas uma pessoa fale de cada vez, para que um diálogo se estabeleça e para que a aprendizagem seja possível. Já em ambientes como o *chat*, enquanto uma pessoa digita, uma segunda pode estar fazendo o mesmo. Uma dada pergunta, pode assim gerar três respostas "simultâneas". Essas aspas se referem ao fato de que, embora elas tenham sido geradas ao mesmo tempo, sem nenhum dos respondentes ter ciência da resposta do outro, elas aparecem linearmente na janela do *chat*. Há vários exemplos em nossas pesquisas de como que, exponencialmente, isso pode gerar múltiplas discussões e, com isso, o professor não ter o controle usual que teria em uma sala de aula tradicional. Mais uma vez, não se trata de ser analisado se isso é bom ou não, mas situações como essa acontecem com frequência em cursos que têm o *chat* com forte presença. Há aqueles que a acham uma verdadeira "Torre de Babel", conforme expressão utilizada por um participante da turma de Tendências em 2000, e que até hoje ainda se repete. Há outros participantes que gostam de poder ter direito à fala (escrita) na hora em que quiserem, sem ter de pedir licença, e há os que reclamam que o professor só interage com uma determinada "parte" da Torre, e ainda existem os que comentam que isso exige novas habilidades do professor, pois tem de interagir com vários temas e alunos ao mesmo tempo (Sacramento, 2006).

Já há também conjecturas, embora sem pesquisa das quais tenhamos conhecimento, de que há diferentes estilos de aprendizagem para cada participante, que se adaptam mais à sala de aula usual ou a ambientes *online* no qual o *chat* tem papel de destaque. É possível que tímidos-presenciais sejam falantes-virtuais, e que haja aqueles que preferem se expor tendo a internet como mídia. Porém, talvez outros prefiram como interface apenas o ar que circula nas salas de aula. Já observamos também que a inabilidade em digitar pode moldar a personalidade de alguém em cursos como esses, assim como a falta de banda larga da internet pode ter o mesmo efeito. Dessa forma, vemos que em ambientes *online*, as interfaces moldam o nosso modo de ser e podem valorizar habilidades como digitar, que pouco valem na maioria das salas de aula presenciais. É possível que possamos estender a ideia de seres-humanos-com-mídias também para essa área, e de forma análoga a que já aconteceu com a Matemática, as TIC podem nos ajudar a descobrir papéis da oralidade e da escrita que se encontravam escondidos em nossas análises da sala de aula usual. Pesquisas nesta área se farão necessárias para dar contornos mais sólidos às conjecturas formuladas neste parágrafo.

Por outro lado, já temos estudos sobre o fato de que o próprio tópico discutido molda a natureza da interação em ambientes como a sala de bate-papo. O ambiente virtual é impregnado de aspectos sociais gerados nele e fora dele. Notamos, na versão do curso de Tendências em que foi proposta a exploração de atividade de Geometria Espacial, mencionada no capítulo II, que o fato de ter em destaque a discussão de problemas matemáticos, em vez dos temas que costumávamos debater – as diversas tendências em Educação Matemática –, fez com que muito menos discussões abertas acontecessem. O multiálogo continuou presente, mas de forma diferenciada, mais focado em encontrar uma solução para o problema. Parece que as experiências de fora da sala de aula, nas quais a Matemática tem sempre uma resposta única e é símbolo da certeza (Borba; Skovsmose, 2001), invadem também as novas experiências pedagógicas, feitas em ambiente como os aqui discutidos. Assim, a educação *online* é condicionada por fatores sociais, mesmo sendo virtual, e na verdade o próprio processo pelo qual as mídias moldam a nossa cognição é histórico, social e cultural, na medida em que oralidade, escrita e TIC são também produtos com marcas históricas, sociais e culturais. Discutir tendências em Educação Matemática, como Etnomatemática por um lado, ou resolver problemas matemáticos, por outro, influenciam também na forma como o multiálogo se constitui, devido às especificidades da linguagem e a natureza da discussão. Ou seja, debater um enfoque educacional gera multidiálogos com características distintas daquelas associadas à resolução de um problema em geometria.

Interfaces computacionais, conteúdos, professores e alunos influenciam, dentro dessa visão, o conhecimento produzido. É nesse sentido que o construto seres-humanos-com-mídias é impregnado de aspectos sociais. O conhecimento é construído coletivamente a partir de nossas interações. O ser cognitivo não tem limites semelhantes ao ser biológico. Em nossas pesquisas, temos focado em como que humanos, ao interagir com mídias distintas, produzem conhecimento. O uso de softwares tem condicionado que a visualização e a experimentação apareçam como características associadas a essas interfaces. Ao olharmos para o *chat*, vemos que uma característica marcante é o fato de a língua materna escrita ser o veículo natural de expressão, realizando uma aproximação talvez ainda maior do que aquela já proposta por Machado (2001) entre linguagem matemática e materna. Na sala de bate-papo, escrever é a única forma de comunicação, de ser social. É isso que diferencia a escrita no *chat* daquela realizada em uma sala usual onde a oralidade e os gestos ocupam espaços que têm de ser preenchidos pela escrita em ambientes do tipo do *chat*.

Nesse sentido, a internet condiciona a forma como conhecemos e isto foi ilustrado, com exemplos, em capítulos anteriores. É com base nessa perspectiva que afirmamos que seres-humanos-com-internet produziram conhecimento no *chat*. E mesmo esse coletivo pode ser distinguido entre os "com-*chat*" ou "com-videoconferência". Outras experiências que tivemos, conforme relatamos no capítulo III, levam-nos a ver que com a videoconferência há uma nova forma de oralidade. Nessa oralidade virtual, as normas sociais aceitáveis se modificam de novo, e em muitos aspectos se parecem com aquelas da sala de aula usual, como no caso de poder falar um por vez, embora seja legítimo que em outros locais físicos, diferentes daquele que ocupa o "palco" da videoconferência, conversas paralelas possam acontecer sem representar uma quebra de etiqueta.

A possibilidade de visualizar de forma compartilhada e síncrona o *Geometricks* ou o *Winplot* na videoconferência molda as ações, da mesma forma que o ato de "passar a caneta" representa uma possibilidade qualitativamente diferente de colaboração, nem sempre possibilitada de forma natural em ambientes presenciais. Conforme observa Lévy (1993), em nossos cursos tanto o *chat* como a videoconferência não excluíram o uso de mídias como a escrita, que era usada por todos também de forma individual, nos distintos locais de onde os participantes acessavam a plataforma do curso.

Nesse cenário, é relevante perguntar: que importância pode ter o diálogo na aprendizagem? Como já afirmamos, concordamos que existe uma relação entre a qualidade do diálogo e a qualidade da aprendizagem matemática. Como e com quem falamos abrem possibilidades diferentes à aprendizagem. A videoconferência propiciou um ambiente de interação pela oralidade, que é a forma de comunicação usual em nosso cotidiano. É pela oralidade que estamos acostumados a trocar ideias, enquanto que expressar matematicamente somente de forma escrita, como acontece no caso do *chat*, por exemplo, requer outra forma de pensamento, de expressão das ideias e raciocínios desenvolvidos no decorrer de uma atividade, em um multiálogo. Não há necessidade de compará-los, definindo qual o melhor recurso.

Em ambas as experiências de EaDonline vivenciadas pelo GPIMEM, nas edições do curso de "Tendências em Educação Matemática" e naquelas realizadas em parceria com a Fundação Bradesco, a linguagem teve papel crucial, seja na forma escrita seja na forma falada. A possibilidade de ouvir os alunos-professores explicarem suas ideias, apresentarem oral e visualmente suas soluções às atividades propostas durante as videoconferências, ou a discussão por *chat*, que permitia que eles se posicionassem livremente, sem ter que esperar a fala do colega, ou até mesmo sobre diferentes assuntos em um mesmo momento, fez dos cursos um ambiente de produção colaborativa, que diferencia qualitativamente essas experiências da maioria existente em EaD, especialmente na área de Matemática. Os exemplos apresentados sugerem as formas como que diferentes interfaces das TIC influenciam a produção de conhecimento de coletivos de seres-humanos-com-mídias.

O aluno e as mídias em EaDonline

Na EaDonline, o aluno possui um papel diferenciado e é importante que ele se adapte às novas situações que emergem nessa modalidade educacional. Isto porque ela exige que o aluno lide com outras formas de organização de tempo.

Palloff e Pratt (2002) discutem os papéis dos alunos em cursos a distância e notam que eles se entrelaçam e interdependem. Assim, o aluno deve se preocupar com a produção do seu conhecimento; agir colaborativamente, desencadeando a aprendizagem colaborativa; e procurar estar atento ao gerenciamento do processo de aprendizagem, administrando seu tempo, desenvolvendo as atividades propostas, etc. Espera-se que ele aprenda a aprender e que adquira capacidade de pesquisar e pensar criticamente.

Assim como o professor sofre mudanças em seu papel, as quais trataremos na próxima seção, também o aluno tem que repensar sua atuação nos processos de ensino e aprendizagem, visto que é preciso saber gerenciar seu tempo. Esse costuma ser o maior desafio para o aluno, pois tradicionalmente ele é definido e fixo. Ao flexibilizar o tempo, a EaDonline requer autocontrole e disciplina do aluno, já que flexibilidade não implica redução de tempo para a dedicação às atividades propostas.

Além de considerar esses aspectos do papel do aluno na EaDonline, questionamos: e as mídias? Será que elas condicionam a maneira com que estudantes atuam nessa modalidade de ensino e aprendizagem? Acreditamos que sim. Para muitos, por exemplo, a participação em uma primeira seção de bate-papo coincide com a primeira aula de um curso a distância. E como lidar com isso? O multiálogo, já descrito neste livro, transforma-se, para alguns, em uma Torre de Babel, já que para esses o mais natural seria encontrar em um ambiente virtual uma reprodução da sala de aula que tradicionalmente conhecemos, conforme constata Borba (2004). Uma possibilidade por nós vislumbrada e também praticada é não colocar "regras" nem apresentar muitas instruções no início dos cursos. Com isso, o estudante, na medida em que participa das seções de *chat*, vai, aos poucos, familiarizando-se com o processo de comunicação e, consequentemente, com a EaDonline. É comum lermos na tela do computador, nos primeiros encontros, frases como "estou perdido!" ou "do que estão falando?" e essa frequência diminui no decorrer do curso, visto que o aluno vai, aos poucos, percebendo que aquele é o processo "natural" de discussão.

A familiarização dos participantes com as interfaces utilizadas é condicionada também pela natureza das discussões. Nos cursos de Tendências, a maioria dos debates gira em torno de aspectos educacionais ante o tema do encontro e o multiálogo é constante. No caso dos problemas matemáticos, percebemos que os alunos sentem outros tipos de dificuldades, como a visualização ou manipulação de uma construção geométrica. Nas salas de bate-papo utilizadas, por exemplo, não era possível inserir construções geométricas, o que trazia a necessidade de coordenar o multidiálogo com os colegas no *chat* com construções individuais feitas em lápis-e-papel, conforme exemplificamos no capítulo II.

A videoconferência também condiciona o papel do aluno nos processos de ensino e aprendizagem, visto que nela o estudante utiliza-se da oralidade, porém de uma maneira diferente daquela que o faz na sala de aula usual. Nos encontros realizados, cada um fala de uma vez, e a palavra é solicitada e atribuída ao longo do desenvolvimento da aula. Além disso, a atenção que os alunos devem dar à fala dos colegas é diferente daquela designada no *chat*, por exemplo, onde é possível recorrer ao que foi dito anteriormente, já que nele as palavras digitadas ficam registradas para consultas ao longo da aula. Nesse sentido, a postura do estudante tende a ser diferente e, consequentemente, o processo de ensino e aprendizagem também.

Outro ponto que destacamos, com relação ao papel dos alunos e a videoconferência, refere-se à coordenação da fala e do software utilizado. Nos exemplos que apresentamos, muitas vezes o estudante falava ao mesmo tempo que construía determinada figura geométrica.

A criatividade dos estudantes vem à tona para driblar determinadas situações. Eles utilizam a imaginação para se fazer entender, por exemplo, ao comparar o espaço físico da sala com a figura em discussão, para que se percebesse que o teto e o chão eram paralelos e, daí em diante, continuar a explanação matemática, ilustrado no capítulo II. Outro exemplo, que será detalhado no próximo capítulo, é da aluna que fotografou um gráfico que ela esboçou em uma determinada situação em uma folha de papel e "postou" no ambiente virtual para que pudéssemos visualizá-lo. Já na videoconferência, podemos ilustrar essa criatividade quando, por razões técnicas, ficava difícil falar e movimentar a figura construída com o software e costumávamos pedir que um aluno descrevesse sua construção oralmente, como um "narrador de esportes", enquanto outro aluno a desenvolvia. Essa foi uma das alternativas que encontramos para superar os problemas técnicos que surgiam.

Outro aspecto que merece destaque é o cumprimento das atividades propostas nos prazos preestabelecidos. Muitos dos encontros em EaDonline são baseados em material enviado previamente pelos estudantes, conforme destacamos em outros momentos deste livro. Atividades desenvolvidas assincronamente são discutidas ao longo dos encontros síncronos. Para que o aluno possa atuar ativamente, é importante que ele esteja consciente de seu lugar, que não é apenas de receptor de informações, mas, sim, de participante de todo o processo de ensino e aprendizagem. Seu papel é fundamental para que esse processo ocorra e para isso é necessário que haja dedicação, que deve ser encorajada com a interação, colaboração e diálogo entre os atores envolvidos, alunos e professores.

O professor e as mídias em EaDonline

Valendo-nos de nossas práticas e estudos sobre EaDonline, identificamos algumas características do papel do professor nesses contextos. No *chat*, por exemplo, determinadas habilidades são importantes para que a aula se desenvolva de maneira satisfatória, como a digitação rápida e a capacidade de lidar com várias questões ao mesmo tempo, o multiálogo. Diversas perguntas são apresentadas quase que simultaneamente e cabe ao docente respondê-las. Para isso, algumas estratégias como não ativar a rolagem automática, existentes nas salas de bate-papo, e sim navegar pela tela a partir da barra de rolagem auxiliam para que determinadas perguntas não fiquem sem resposta. Além disso, é importante mencionar no início das respostas o horário em que determinado assunto foi apresentado, além de digitar o nome de quem perguntou. Estas são algumas das estratégias utilizadas por nós durante uma sessão de *chat*, com o intuito de facilitar o acompanhamento dos alunos-professores ao longo de todo encontro virtual.

Em aulas cujo tema central da discussão eram atividades matemáticas, muitas vezes era necessária a coordenação de interfaces como *chat* e *portfolio* ou *chat* e softwares como *Winplot*, conforme ilustramos no capítulo II. Para que o professor não se perca, é importante que ele, além de ter preparado muito bem sua aula, tenha todo o material disponibilizado pelos alunos-professores em suas mãos. É comum que antes desses encontros, alunos-professores apresentem suas soluções em ferramentas do ambiente e analisá-las antes da aula pode facilitar bastante a performance docente.

Descrevemos algumas das particularidades que o professor deve estar atento ao trabalhar com o *chat*. Mas e na videoconferência? Será que existem habilidades específicas dessa interface? Partindo do princípio de que as mídias condicionam a produção do conhecimento, destacamos a oralidade, na videoconferência, como principal atriz no processo de ensino e aprendizagem. Mas a videoconferência é cheia de particularidades e, com isso, o professor deve se programar acerca do que vai falar e como vai fazê-lo, filtrando o que considera realmente importante naquele momento. A fala deve ser pausada, para que todos compreendam o que foi dito. Além disso, ao construir, por exemplo, uma figura no *Geometricks*, o professor deve se concentrar, já que a chance de erro "ao vivo" é grande.

Há uma transformação do papel do professor em ambientes virtuais de aprendizagem, no sentido de que esse desenvolve novas atividades e interage de maneiras distintas da sala de aula presencial.

Em todas as experiências realizadas por nós, havia mais de um professor que atuava em níveis diferentes, porém sempre em conjunto, ao longo dos cursos. O primeiro autor deste livro, em todos os cursos ministrados, era o professor que liderava as aulas síncronas. Todavia, em todos os encontros, havia pelo menos mais um docente que auxiliava nos debates e ficava responsável em liderar algumas aulas específicas, como no exemplo de Geometria Espacial, apresentado no capítulo II. Além disso, esse professor desenvolvia a maior parte das interações assíncronas dos cursos, como responder a *e-mails*, por exemplo. O apoio técnico esteve sempre presente durante as seções de cursos que ministramos e consideramos isso fundamental para o bom funcionamento das aulas.

Diferentes interfaces requerem então estratégias distintas, além de qualidades por parte do professor. Entendemos que é necessário que se observe tais questões na medida em que novas interfaces sejam introduzidas. Por exemplo, trabalhamos no ambiente TIDIA-Ae que dispõe de hipertexto, no qual se pode de forma assíncrona se escrever coletivamente, como será discutido no próximo capítulo. Mas essa ferramenta vai exigir do docente diversos cuidados, caso ele opte por interagir diretamente em um hipertexto desenvolvido por um grupo de alunos. Tal questão ainda não foi investigada, mas já estamos atentos a ela, visto que temos ciência da participação ativa das mídias na produção do conhecimento. É dessa forma que entendemos que o construto seres-humanos-com-mídias se torna também relevante. Ao realçar o papel da mídia, esse construto teórico particulariza a atuação do professor que se incorpora a um coletivo de seres-humanos-com-mídias e permite que fiquemos atentos a modificações nesse coletivo na medida em que novas interfaces participam dele.

Capítulo V

Modelagem e EaDonline: o Centro Virtual de Modelagem

Em capítulos anteriores, apresentamos experiências de cursos realizados a distância, com ênfase nas mídias e no modo que essas condicionam a interação e a colaboração em ambientes virtuais de aprendizagem. E, a partir deles, discutimos que a produção do conhecimento é constituída por coletivos formados por atores humanos e não humanos, compondo assim o núcleo básico que produz conhecimento: seres-humanos-com-mídias.

Considerando nossa visão de conhecimento, na qual atores humanos e não humanos estão envolvidos em sua produção, atentamos para a ubiquidade da internet. Pensemos na internet chegando aos ônibus, trens e até às salas de aula. Ao imaginarmos que ela estará disponível como calculadoras ou livros didáticos estão hoje nas salas de aula e que não será "proibida" de ser utilizada, como se dará a Educação? Muitas das respostas a questões propostas em livros didáticos estarão disponíveis na rede ou estarão a caminho de estar! Se a internet de fato for popularizada e puder ser utilizada, pouco do que hoje é considerado problema sobreviverá como tal. Nesse sentido, acreditamos que enfoques pedagógicos que privilegiem questões abertas poderão ganhar mais força com a presença da internet. Mas o que é problema?

Há mais de duas décadas, Saviani (1985) e Borba (1987) consideram "problema" como algo com uma parte subjetiva e outra objetiva, sendo a primeira relacionada a um interesse pessoal, e a segunda ligada a um obstáculo que de fato se apresenta na existência da experiência de uma pessoa ou grupo. Nesse contexto, diversas das atividades que hoje são apresentadas em salas de aula não serão mais problemas, já que essas terão se tornado corriqueiras, e suas respectivas respostas estarão disponíveis na rede. Hoje, se alguém quer saber algo sobre determinado assunto, basta acessar um sítio de busca na Internet e rapidamente terá diversas respostas sobre problemas já padronizados. Ao digitarmos, em um sítio de busca, a palavra "função", por exemplo, inúmeras referências às funções de primeiro e segundo grau, entre outros tipos, com definições, exemplos e exercícios serão encontradas. Sendo assim, parece que apenas enfoques pedagógicos que valorizem a busca, a elaboração e a reflexão, a partir do que já é conhecido, é que poderão sobreviver em termos educacionais, caso a internet, em sua plenitude, seja admitida em salas de aula presenciais ou virtuais.

Neste capítulo, considerando as questões teóricas descritas anteriormente, apresentaremos um enfoque pedagógico, a Modelagem, que acreditamos estar em sinergia com as Tecnologias da Informação e Comunicação (TIC) e, em particular, com a internet, na medida em que pode gerar problemas desafiadores, instigando a experimentação e a elaboração de problemas por parte dos alunos.

Modelagem Matemática e sua sinergia com as Tecnologias da Informação e Comunicação

A Modelagem Matemática, entendida por nós como uma estratégia pedagógica que privilegia a escolha de temas pelos alunos para serem investigados e que possibilita aos estudantes a compreensão de como conteúdos matemáticos abordados em sala de aula se relacionam às questões cotidianas, é uma das alternativas para a incorporação da internet à sala de aula. Diversos autores como Araújo (2002), Jacobini (2004), Almeida e Dias (2004), Machado Júnior *et al.* (2006), etc., têm desenvolvido experiências sobre esse enfoque pedagógico.

A Modelagem, que pode ser considerada semelhante à pedagogia de projetos, tem várias concepções que se diferenciam, basicamente, de acordo com a ênfase na escolha do problema a ser investigado, que pode partir do professor, pode ser um acordo entre ele e os alunos, ou então os estudantes podem escolher o assunto que pretendem investigar. Uma das principais características da Modelagem consiste em lidar com problemas abertos, o que pode proporcionar uma ruptura na estrutura curricular. Nossa visão de Modelagem é baseada na escolha de temas por parte dos estudantes, de forma que o professor atua como mediador no processo de investigações, apresentando encaminhamentos para transformar o tema em projetos de Modelagem.

Nessa perspectiva, que privilegia a investigação e a exploração, consideramos que a Modelagem está em sinergia com as TIC. Exemplos apresentados por Borba e Penteado (2001), Malheiros (2004) e Borba e Villarreal (2005) ilustram essa sinergia amparados em pesquisas sobre projetos de Modelagem desenvolvidos por alunos de um curso de Ciências Biológicas da Unesp de Rio Claro, desde 1993. Nesses projetos, as TIC aparecem como atrizes, em diversos níveis; por exemplo, para a digitação dos projetos, esboço de tabelas e gráficos a partir de softwares específicos, ao utilizar calculadoras gráficas para a exploração e investigação partindo-se de dados previamente coletados, entre outros.

Nos últimos anos, com o aumento da presença da internet no campus da Unesp de Rio Claro, foi constatada sua utilização para pesquisas bibliográficas dos projetos de Modelagem da referida disciplina. Alguns temas escolhidos, como "O Mal da Vaca Louca", em 2001, não seriam possíveis de ser investigados visto que havia carência de referências em livros, periódicos e revistas. Em muitos casos, como no exemplo citado, a escolha do tema se dá pela novidade e por sua alta repercussão na sociedade e, com isso, a internet se mostrava como única alternativa para a coleta de dados e, consequentemente, para o desenvolvimento da pesquisa, já que não havia livros nas bibliotecas sobre o assunto no período de elaboração do trabalho. Sendo assim, a rede se torna uma grande biblioteca digital que permite que determinados projetos de Modelagem sejam desenvolvidos, o que caracteriza a *webgrafia* dos trabalhos, destacados por Borba e Villarreal (2005).

Em outra instância, ela assumiu o papel que vai além de uma fonte primária de consultas. No projeto "Os Cloroplastos", de 1999, os alunos, após escolherem o tema, realizaram pesquisas, inclusive com a internet, e se depararam com descrições de procedimentos e resultados de experiências relacionadas com o tema que eles iriam investigar. A possibilidade de eles efetuarem os experimentos em laboratórios do campus se concretizou. Após realizados os experimentos, eles checaram os resultados obtidos, constatando, na primeira vez, que havia algum problema, visto que os dados por eles obtidos não se assemelhavam com aqueles encontrados na rede. Com isso, refizeram o experimento e conseguiram aproximar seus dados com os encontrados anteriormente. Neste caso, é como se a internet fosse utilizada como colaboradora ou verificadora na interpretação dos dados resultantes de experimentos em Biologia.

Além disso, a internet tem tido outros papéis no desenvolvimento dos projetos de Modelagem, como meio de comunicação entre estudantes e docente e entre os próprios estudantes, principalmente por *e-mail*, mas também por MSN[1] e Orkut[2] (Diniz, 2007).

Nesse sentido, constatamos que a internet atua de forma distinta em diferentes grupos de alunos e que pode ser utilizada nos projetos de Modelagem como fonte de informação, colaboradora da análise ou meio de comunicação. Para nós, essa parece ser mais uma faceta do que Borba e Villarreal (2005) indicaram como papel ativo da tecnologia na produção do conhecimento, ao defenderem que esse é realizado por coletivos de seres-humanos-com-mídias. Acreditamos, com isso, que a internet transforma os projetos de Modelagem e, como

[1] Antigo serviço de mensagem instantânea para Web: <http://br.msn.com/>. Acesso em: 3 fev. 2011.

[2] Comunidade online que conecta pessoas através de uma rede: <http://www.orkut.com>. Acesso em: 31 mar. 2014.

consequência, a própria Modelagem, na medida em que propicia que determinados assuntos sejam investigados, possibilita a comunicação e discussão deles e, ainda, pode colaborar com atividades de experimentação.

Durante o desenvolvimento de projetos de Modelagem, o professor é um agente participante de todo o processo, que busca orientar seus alunos ao longo da elaboração das atividades, independentemente de quem faça a escolha do tema. Dessa forma, o que se percebe é que muitos docentes sentem-se desconfortáveis em utilizar a Modelagem em sala de aula, já que em alguns momentos surgem desafios que o levam a reformular sua prática, de modo que possa atingir seus objetivos. Tal processo constitui a transição entre a zona de conforto e a zona de risco, apresentado por Penteado (2001). Abandonar a maneira considerada tradicional de ensino e iniciar um trabalho com abordagens pedagógicas, nas quais muitas vezes não se pode prever parte das questões que vão surgir, nem como lidar com elas, pode ser um movimento difícil para os professores.

Considerando as dificuldades no contexto escolar oriundas da própria prática docente ou a insegurança do professor em trabalhar com a Modelagem, além de sentirmos a necessidade de um lócus virtual para discutirmos e pesquisarmos colaborativamente questões relacionadas à Modelagem e à EaDonline, surgiu a ideia de criação, pelo primeiro autor deste livro, de um ambiente virtual que pudesse lidar com essas questões: o Centro Virtual de Modelagem (CVM).

As experiências anteriores ao CVM nos faziam refletir sobre o papel da internet e o modo como essa transforma a Modelagem na educação presencial, o qual foge ao escopo desse livro. Ao considerá-las no contexto da EaDonline, deparamo-nos com outras possibilidades de educar e ser educado, a distância, com a internet, e o CVM é um desses exemplos.

Centro Virtual de Modelagem

Discutimos, anteriormente, que há uma sinergia entre Modelagem e TIC e foi com base nessa conjectura que se deu a concepção e a criação do CVM. Esse Centro foi idealizado para se tornar um ambiente de intercâmbio e apoio mútuo entre professores e professores-pesquisadores, que utilizam a Modelagem enquanto enfoque pedagógico, bem como por alunos de graduação e pós-graduação que vivenciam esse processo em suas aulas ou interessam-se pelo tema, todos localizados em diferentes regiões do Brasil e até em outros países. O CVM tem como um de seus objetivos fomentar a colaboração entre professores e demais pessoas interessadas em Modelagem, além de promover o desenvolvimento de pesquisas colaborativas.

Entendemos que a criação de um ambiente que possibilite professores e pesquisadores lidarem com questões de ensino e pesquisa acerca da Modelagem pode auxiliar o professor tanto em sua prática docente quanto em suas pesquisas em torno da temática. Sendo assim, a colaboração é o principal desafio do CVM, com a proposta de se tornar um ambiente "acolhedor" que lide com as dificuldades do professor ao trabalhar com Modelagem na sala de aula.

O CVM foi implementado, ao final de 2005, na plataforma TIDIA-Ae, a qual possui diversas ferramentas para comunicação síncrona (como *chat* e comunicador instantâneo) e assíncrona (como fórum, *portfolio*, correio eletrônico, entre outras). Ele também possui a ferramenta hipertexto que funciona como um editor de textos colaborativo assíncrono, no qual podem ser modificados tipos de fonte, cores e tamanhos, inserir figuras, tabelas, *links* para sítios e também arquivos, entre outros, e, além disso, ele permite que áreas sejam criadas de acordo com os interesses dos usuários.

Em 2007, o CVM contava com 250 participantes entre alunos de graduação e pós-graduação, professores dos ensinos fundamental, médio e/ou superior, e professores-pesquisadores de diversas instituições do País. Para acessá-lo, é necessária uma identificação mediante *login* e senha. Depois de realizada essa identificação, o usuário do Centro encontra diversas atividades, relatos, etc. relacionados à Modelagem.

A título de ilustração, podemos mencionar a criação de diferentes fóruns. Alguns relacionados com pesquisas acadêmicas, nos quais, com base na colaboração dos membros do CVM, referências e ricas discussões foram estabelecidas. É o caso, por exemplo, de um pesquisador que, em busca de um mapeamento sobre teses e dissertações que envolviam a Modelagem na Educação Matemática, utilizou o CVM para auxiliá-lo em sua investigação. Com isso, alguns professores-pesquisadores de diversas localidades do País contribuíram com ele, enviando-lhe referências ou indicações de onde encontrá-las.

A relação entre Trabalho com Projetos e Modelagem foi foco de outro debate no fórum, proposto por um dos autores deste livro, que no momento estava estudando esses dois temas e suas possíveis interseções. Nesse fórum, os colaboradores do Centro apresentaram sugestões de bibliografia e suas opiniões, que foram de fundamental importância para o estudo que estava sendo realizado.

No contexto da sala aula, o fórum do CVM foi utilizado por professores que possuíam dúvidas sobre determinadas questões que envolviam a Modelagem. Como exemplo, podemos apontar um grupo que escolheu *Nietzsche* como tema de seu projeto. O docente responsável, primeiro autor deste livro, tinha dúvidas sobre quais encaminhamentos propor para que seus alunos, do primeiro ano de uma disciplina de Matemática Aplicada para o curso de Ciências Biológicas, citado anteriormente, relacionassem questões sobre esse tema e a Matemática. Buscando auxílio, um fórum foi aberto, solicitando contribuições de seus colegas. A colaboração dos participantes do Centro foi rica, com várias sugestões e questões pertinentes, como algumas apresentadas a seguir.

> Posiblemente pueda ayudar para alumnos de Biología las siguientes ideas: Nietzsche es un pensador que mira la realidad social desde un punto de vista, verdadero, elemental y realista, como es el de la NATURALEZA, desafiando posiciones morales convencionales (plasmadas en las ideas del SuperHombre, el AntiCristo, etc.).

> Nietzsche en "Su Voluntad de Poder", hace muchas referencias a la Teoría Evolucionista de Darwin. Algunos autores consideran que Nietzsche pretende llevar la teoría de Darwin más allá, al decir que "lo que quiere el hombre, ..., es un plus de poder" y no la autoconservación de la especie. Si consideramos que la Teoría de la Evolución es un "modelo" de ver la realidad al igual que un modelo matemático, porqué no construir el "modelo" de realidad planteado por Nietzsche? (mensagem postada em 28/04/2006 por Maria Mina)
>
> [...] tenho pensado muito no assunto.Tenho acompanhado as sugestões de todos e cada vez me questiono mais. Se estamos pregando uma Educação Crítica na qual a matemática é apenas uma e não a única maneira de entender o mundo, por que tantos questionamentos para forçar a entrada da matemática no trabalho? Penso que mesmo ela sendo secundária, teus alunos terão a oportunidade de conhecer Nitzsche a fundo. Haverá uma mudança de comportamento em relação ao assunto.Tu não achas que isto já é satisfatório? Ou tu queres que a matemática apareça como objeto principal? Será que consegui me expressar? (mensagem postada em 3/5/2006 por Clarissa Nina)

Conforme podemos observar, questões como a necessidade da presença da Matemática em um projeto de Modelagem, encaminhamentos de possíveis relações entre o tema proposto pelos estudantes e conteúdos matemáticos, entre outros, foram apresentadas e debatidas por participantes da Argentina e do Brasil. Além das sugestões anteriores para o professor que necessitava de auxílio, uma das participantes se mostrou interessada nos resultados do projeto, questionando sobre sua versão final. Para isso, o docente responsável abriu um novo fórum informando que o resumo do projeto já estava disponível no CVM e vários participantes escreveram que, a partir do que leram, houve uma motivação para estudar e conhecer mais sobre o filósofo.

> Olá Professor Marcelo!
> Nietzsche me enfeitiçou...

> Desde que foi levantada a polêmica, seguidamente estou pensando no assunto. Semana passada fui na biblioteca da PUCRS e retirei um livro dele: "Assim falou Zaratustra". Pretendo entender um pouco deste homem pra depois poder opinar. (mensagem postada no fórum em 16/8/2006 por Clarissa Nina).
>
> [...] Sim, assumo que também embarquei nessa: biblioteca adentro e "Assim falou Zaratustra" embaixo do braço, parece que a experiência compartilhada enfeitiçou nossas mentes... Atiçou nossa curiosidade acerca das concepções envolvendo o Ser e o Universo... E o que tem isso a ver com Matemática???? E Nietzsche conseguiu: 44 mensagens no Fórum, discussões virtuais e reais, busca por livros, pesquisas, análises, reflexões... E o motivo????? A disciplina de Cálculo da Biologia... Um grupo de alunos que se manteve fiel à sua ideologia... Um professor que buscou compartilhar suas angústias diante de colegas também professores... O mundo virtual que aponta tantos caminhos, mas não determina preceitos a nossa maneira de caminhar... (mensagem postada em 17/8/2006 por Adriana Magedanza).

Enquanto deflagrador do fórum, Marcelo C. Borba levou o grupo a refletir sobre a possibilidade de apoio no ambiente e, em contrapartida, a incitação que esse pode propiciar a seus membros. Essa mensagem ilustra ainda que algumas questões sobre temas como Filosofia e Filosofia da Educação permearam tal discussão. Além dessa situação-problema enfrentada pelo próprio idealizador do Centro em sua sala de aula, outros colegas apresentaram temas que suscitaram discussões, como *Etnomatemática na Escola?* e *Modelagem Matemática e Matemática Financeira*. Em ambos os casos, foram apresentadas sugestões para os proponentes das respectivas temáticas, que suscitaram discussões interessantes e elucidativas.

Também houve discussões de cunho teórico propostas pelos participantes do CVM, além da divulgação de um projeto intitulado *Modelagem Matemática e Eleições Presidenciais*, liderado por Otávio Jacobini. A ideia dos pesquisadores era coletar informações sobre intenções de votos, nas proximidades das eleições presidenciais que ocorreram no final de 2006 para, posteriormente, explorar técnicas estatísticas relacionadas a tabelas, gráficos e porcentagens. A partir da divulgação, alguns participantes do CVM manifestaram interesse em participar do projeto, mostrando mais uma vez que um dos objetivos desse Centro, a colaboração, fazia-se presente. Alguns professores, então, coletaram dados com seus respectivos alunos, valendo-se de um formulário elaborado pelos pesquisadores responsáveis e, com suas orientações, após a coleta, tabularam as informações obtidas, compartilhando-as por *e-mail* ou pelo próprio CVM e divulgando o resultado final da pesquisa.

Além dos fóruns propostos pelos próprios usuários do CVM, existem outras atividades realizadas, como as sessões de bate-papo temáticas. A proposta desses temas pode partir dos próprios participantes, utilizando para isso o CVM e seus recursos. Foram realizados encontros que discutiram, por exemplo, Modelagem e Formação de Professores, Modelagem e Meio Ambiente, Modelagem e Ciclos de Aprendizagem e Modelagem e Etnomatemática. Em todas as sessões, havia professores convidados, especialistas no tema que seria discutido, que fomentavam as discussões. Ainda, houve uma sessão na qual o CVM foi apresentado para os participantes e outra que questões referentes à V Conferência Nacional sobre Modelagem e Educação Matemática (CNMEM) foram discutidas, previamente à sua realização. Todos os históricos das sessões de *chat* ficam disponíveis para os usuários do Centro, possibilitando que, mesmo aqueles que não podem acompanhar as discussões por eventuais contratempos, tenham acesso ao que foi debatido.

No CVM também é possível encontrar publicações referentes à Modelagem. Teses, dissertações, artigos, anais de eventos relacionados ao tema e até um livro com edição esgotada (Borba, 1999b) são encontrados no Centro para que os participantes tenham acesso às produções da área. Nesse sentido, o CVM é um espaço para a divulgação de trabalhos, pois todos seus usuários podem anexar suas publicações, além de ser o início de um banco de dados digital sobre Modelagem Matemática.

Ademais, no CVM existe a divulgação de projetos desenvolvidos e em desenvolvimento em diferentes contextos. Na ferramenta hipertexto, por exemplo, é possível encontrar referências ao projeto em desenvolvimento denominado "A Trilha Matemática em Ouro Preto", além do sítio[3] desse para mais informações. Descrições do trabalho docente realizado pelo primeiro autor deste livro no curso de Biologia também estão disponíveis no Centro. Outros projetos já finalizados, como o desenvolvido em Córdoba, Argentina, com crianças na faixa etária de 10 e 11 anos, é ilustrado com publicações relacionadas ao tema. A Educação Matemática Crítica e a Modelagem é outro assunto tratado no CVM.

A comunidade que constitui o Centro o utiliza a partir de seus objetivos e práticas, configurando, assim, um ambiente colaborativo para que questões relacionadas à Modelagem na Educação Matemática sejam investigadas, discutidas e divulgadas. Conforme já ilustrado, há uma série de formas de colaboração, mas nem tudo flui dentro dessa comunidade virtual. Por exemplo, há imensos problemas técnicos que às vezes abortam discussões que eram frutíferas. No final de 2006, um *chat*, liderado pelos professores Adilson Espírito Santo e Tânia Lobato, ambos da UEPA,[4] contava com uma empolgada participação dos virtualmente presentes quando o servidor que hospeda a plataforma TIDIA-Ae simplesmente travou. Os que já participaram de atividades *online* já devem ter experienciado algo similar, assim como sabem que, ao tentar retomar, o assunto posteriormente, a vibração já não é a mesma.

Há também membros da comunidade de Modelagem, que têm destacada participação em congressos e outros fóruns, mas ainda não conseguiram liderar atividades no Centro, mesmo quando convidados e com oferta de suporte técnico integral

[3] Mais detalhes em: <http://sites.google.com/site/trilhadeouorpreto/projeto-a-trilha-matematica-de-ouro-preto-como-acao-pedagogica.htm>. Acesso em: 31 mar. 2014.

[4] Universidade do Estado do Pará: <http://www.uepa.br>. Acesso em: 31 mar. 2014.

que o CVM pode propiciar através de projetos financiados que disponibilizam uma rede de técnicos e estudantes que o apoiam.

Gostaríamos de enfatizar que o CVM tem possibilitado participação e colaboração, mas que ele também enfrenta problemas. Em um artigo, Borba e Malheiros (2007) analisam somente os problemas já encontrados até então na própria concepção desse ambiente. Assim, nós temos desenvolvido pesquisas no CVM também ao estudar seus problemas e as diferentes formas de participação que encontramos até então. Apresentaremos, porém, em seguida resultados parciais de uma pesquisa que foi desenvolvida nesse Centro, utilizando Modelagem e EaDonline de uma forma diferente daquela que levou a concepção do CVM.

Desenvolvimento de Projetos de Modelagem a Distância

Conforme ilustrado anteriormente, no CVM são desenvolvidas diversas atividades e, em 2006, a edição do curso de Tendências, descrito no capítulo II, foi uma delas. Contudo, essa versão contou com um diferencial: as tendências em Educação Matemática estudadas seriam relacionadas à Modelagem, por exemplo, Formação de Professores e Modelagem. Com isso, o curso foi intitulado "Tendências em Educação Matemática: ênfase em Modelagem Matemática". Ele foi ministrado por dois dos autores deste livro que, ao idealizá-lo, imaginaram a possibilidade dos participantes desenvolverem projetos de Modelagem a distância. Por trás dessa proposta, estava a concepção de que, além de estudos teóricos sobre essa estratégia pedagógica, seria importante que o professor desenvolvesse, enquanto aluno, projetos de Modelagem para que se familiarizasse com seu processo.

Sendo assim, a dinâmica do curso permaneceu, basicamente, a mesma das edições anteriores, exceto que nesta os alunos-professores, em duplas, deveriam escolher um tema e elaborar um projeto de Modelagem. Os projetos foram desenvolvidos em horário extra às sessões de *chat*, sendo que parte de algumas delas foi dedicada à sua discussão. Em particular, as duas últimas aulas foram destinadas, especificamente, para a apresentação e discussão dos projetos pelas duplas. Para a elaboração dos projetos, uma área do ambiente foi aberta para cada uma das duplas, nas quais apenas seus componentes, além dos professores responsáveis, tinham acesso. A um dos professores, em particular, coube a orientação dos projetos de Modelagem, visto que ele estava desenvolvendo uma pesquisa sobre o tema.[5] Os demais participantes do curso apenas tiveram contato com os projetos durante as discussões que emergiam nas sessões síncronas e, antes dos encontros destinados a apresentação dos projetos, versões foram disponibilizadas em uma área comum a todos.

A partir deste curso, deparamo-nos com diversas maneiras de elaboração de projetos de Modelagem totalmente a distância, por alunos-professores de Matemática, que em sua maioria não se conheciam presencialmente.

Inicialmente, a escolha do tema merece destaque. Para os professores que já haviam trabalhado com Modelagem ou estudado-a enquanto enfoque pedagógico, a escolha do assunto a ser investigado surgiu com maior naturalidade, a partir de interesses próprios sobre determinado assunto. É o caso, por exemplo, da dupla de professoras Clarissa e Silvana que investigou sobre a Telefonia Fixa no estado do Rio Grande do Sul. Para Silvana era importante descobrir qual era o melhor plano naquele Estado, pois ela pretendia mudar de operadora. Uma outra dupla, formada por professoras da Argentina modelou um problema que lhes foi apresentado por suas alunas. Tratava-se de um problema de trânsito que envolvia determinar "o melhor" tempo de um semáforo para que elas pudessem chegar mais rápido à escola.

Outros professores, entretanto, que nunca haviam trabalhado ou estudado sobre Modelagem, como enfoque

---

[5] Tese de doutoramento, então em desenvolvimento, concluída por Ana Paula dos Santos Malheiros no Programa de Pós-Graduação em Educação Matemática da Unesp de Rio Claro – SP.

pedagógico, tinham, em sua maioria, como preocupação a série na qual determinado tema pudesse ser trabalhado. Para eles, o simples fato de escolher um assunto e investigar para, posteriormente, modelá-lo era difícil, já que os possíveis conteúdos matemáticos que deveriam ser utilizados para aquele tema não seriam determinados *a priori*. De todo modo, parece que os alunos-professores optaram por temas que faziam parte de seu cotidiano, sem se preocupar com o nível da Matemática que poderia aparecer nos projetos, antecipadamente, principalmente após algumas discussões teóricas e conversas com os professores do curso.

Outro aspecto que consideramos importante destacar diz respeito ao papel das TIC no desenvolvimento dos projetos de Modelagem. O ambiente TIDIA-Ae tem diversas ferramentas, que foram utilizadas de maneiras diferenciadas pelas duplas. Para todas elas, a decisão do tópico que seria explorado ocorreu mediante conversas *online* por meios diversificados, como *e-mail*, MSN e o *chat* do ambiente. E algumas ainda desenvolveram praticamente todo o projeto com os recursos do ambiente, enquanto outras só utilizaram-no para postar as versões para que os professores responsáveis pelo curso pudessem ter acesso.

Além do ambiente, outros recursos para comunicação foram utilizados, como o MSN, o telefone (em dois momentos isolados), além dos *e-mails*. A constatação dessas informações foi possível com base em entrevistas realizadas com os alunos-professores, individualmente, após o término do curso, por meio do *chat* do ambiente.

As TIC foram atrizes fundamentais para o desenvolvimento dos projetos, visto que elas estavam presentes em todos eles, de modo distinto. Cada dupla se organizou da maneira como se sentiu mais à vontade para se comunicar com o parceiro e com os professores responsáveis. Isso se deve, entre outros fatores, à liberdade que os professores deram aos participantes, não exigindo deles que a comunicação fosse feita apenas por *e-mail* ou pelo ambiente, por exemplo. Embora o desejo fosse que os alunos-professores utilizassem, principalmente, a ferramenta hipertexto para a elaboração do projeto de Modelagem, devido a suas características de edição colaborativa de textos, essa exigência não foi feita, e os participantes mostraram diferentes caminhos para o desenvolvimento do seu projeto de Modelagem. Para que o leitor possa compreender melhor como ocorreu esse desenvolvimento, vamos apresentar, de maneira resumida, os caminhos e passos percorridos pelos alunos-professores em um dos projetos.

A dupla, formada pelas alunas-professoras Clarissa e Silvana, que desenvolveu o projeto sobre telefonia fixa, iniciou a coleta de dados no sítio das operadoras que seriam pesquisadas. Tomando-se por base a análise das informações encontradas, uma dúvida sobre a cobrança do pulso aleatório por uma das companhias foi apresentada com a ferramenta hipertexto, para os professores responsáveis.

> O serviço é medido por pulsos. Cada pulso (com impostos inclusos) custa R$ 0,16314. E explicam que, em dias úteis, entre 6h e 24h, e aos sábados, entre 6h e 14h, é cobrado um pulso para completar a ligação e mais um pulso a cada 4 minutos. Nos demais dias e horários, cobram apenas um pulso por ligação. PORÉM, em outro momento, no mesmo local que forneceu os dados sobre pulsos, custo e horários, eles apresentam uma tabela que fornece os preços por minutos (com impostos inclusos), variando de acordo com o horário da ligação. [...] Achei essas duas informações confusas e conflitantes. Afinal, eles medem em pulsos e cobram por pulsos ou minutos?[...]
>
> Então resolvi recorrer ao sítio da Anatel para esclarecer as coisas. Lá descobri que a Anatel pede que as operadoras apresentem o custo das ligações em minutos. (Mas é estranho que o sistema de medição seja pulso e a cobrança seja apresentada em minutos, não é?).

Com base nesses questionamentos, a dupla, com o *chat* do ambiente, discutiu mais sobre o problema apresentado, além de outros encaminhamentos para o projeto. Uma das alunas-professoras mencionou que havia feito um gráfico para esboçar a cobrança efetuada por pulsos:

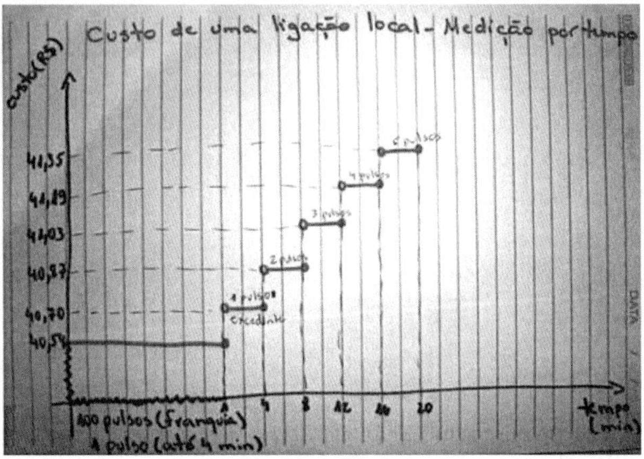

FIGURA 17

Como Clarissa não possuía *scanner*, tirou uma fotografia digital do esboço do gráfico (FIG. 17) e postou no ambiente para que pudéssemos visualizá-lo. Vemos aqui a máquina digital participando do processo de visualização do comportamento da cobrança realizada por pulsos, constituindo assim um coletivo pensante de seres-humanos-com-máquina-digital-e-internet. Após discussões sobre como comparar os dados das operadoras analisadas, visto que esses eram de natureza diferente, Clarissa e Silvana, a partir de sugestões e encaminhamentos de um dos docentes, decidiram criar situações genéricas e explorá-las. Além disso, elas compararam os planos oferecidos pelas empresas, individualmente analisando suas vantagens e desvantagens.

Para o desenvolvimento desse projeto, além do ambiente TIDIA-Ae, para apresentar essas questões, a dupla utilizou o MSN para comunicação entre elas e com os professores. Os arquivos com versões dos projetos foram digitados com o *Word* e os gráficos plotados com o *Excel*.

Valendo-se da primeira versão apresentada pela dupla, foram feitos alguns comentários, críticas e encaminhamentos pela professora, que, na medida do possível, foram incorporados pelas alunas-professoras em outra versão do projeto. Esse procedimento aconteceu algumas vezes, e o processo de *feedback* foi similar ao que a dupla utilizava para comunicação entre si: o arquivo (documento do *Word*) era lido, salvo com outro nome após terem sido inseridos comentários e perguntas no próprio corpo do texto, realçados com uma cor diferente (escolhida e avisada previamente, antes do início do texto, no mesmo arquivo). A versão final do projeto foi apresentada para a turma, no penúltimo encontro síncrono, tendo sido postada no hipertexto com certa antecedência, para que os demais participantes pudessem ler e discutir sobre ele.

Sendo a internet o meio de comunicação que permeou todo o curso, com o levantamento dos dados dos projetos de Modelagem isso não foi diferente, já que em apenas dois deles a coleta não se deu por meio da rede. Os alunos-professores também fizeram, virtualmente, apresentações de seus projetos para os demais colegas e, ao longo da exposição e após, perguntas e sugestões foram feitas pelos demais participantes, configurando assim uma colaboração virtual. Para essa apresentação, os alunos-professores tiveram acesso prévio aos projetos desenvolvidos, para que pudessem interagir e colaborar com os colegas. Nesse sentido, configurou-se um coletivo de atores humanos e não humanos, com o intuito de compreender questões diversas, como a indústria fonográfica e a pirataria de CDs, o lixo e sua reciclagem e compostagem, além de outros temas, permeados pela Modelagem enquanto estratégia pedagógica.

Com base em prática de desenvolvimento de projetos de Modelagem, ao longo do curso de Tendências, a maioria dos alunos-professores "fez" Modelagem pela primeira vez na posição de aluno, apesar de alguns deles já utilizarem-na como estratégia pedagógica em suas aulas. Os participantes relataram que a elaboração dos projetos, a distância, possibilitou uma compreensão diferente da Modelagem e isso foi possível, dentre outras questões, graças à internet e ao ambiente virtual utilizado, o TIDIA-Ae.

A aplicação dos projetos em sala de aula pelos participantes não era nosso objetivo, mas aconteceu com dois deles. Os alunos-professores, que estavam pela primeira vez fazendo Modelagem, consideraram que as atividades desenvolvidas por eles poderiam ser levadas para suas respectivas salas de aula e assim o fizeram. Em um dos casos, parte do projeto foi adaptada, e os alunos modelaram também campos de futebol. No outro, estudantes do aluno-professor realizaram um levantamento de dados para avaliar questões relacionadas com alimentação e nutrição. Os alunos-professores relataram, nas entrevistas, que a experiência foi bastante interessante e que pretendiam continuar utilizando tal estratégia pedagógica em sala de aula. Nesse sentido, a possibilidade de desenvolver os projetos, a distância, possibilitou que alguns professores levassem às suas salas de aula práticas de Modelagem.

Com a elaboração dos projetos de Modelagem, nesse curso, conjecturamos que além da internet transformar a Modelagem, conforme discutimos anteriormente, essa também transformou o curso de Tendências. Além disso, os participantes colocaram em prática alguns aspectos teóricos por eles estudados na elaboração desses projetos, conforme exemplificado na escolha do tema.

Metodologia de pesquisa em EaDonline

Na seção anterior, discutimos sobre o desenvolvimento de projetos de Modelagem a distância. Ao longo desse processo estava sendo realizada uma pesquisa, pela segunda autora deste livro, na qual ela investiga como ocorre a elaboração de projetos de Modelagem a distância. Partindo do pressuposto que o objetivo desse estudo é compreender o processo de produção dos projetos, a pesquisa realizada é de caráter qualitativo. Neste momento, o leitor pode estar se questionando: mas o que é fazer uma pesquisa *online*? O que significa levar os procedimentos da pesquisa qualitativa para ambientes virtuais? Perguntas como essas, além daquelas apresentadas em Borba (2004; 2006) constituem um terreno vasto para investigação. Ademais, uma das novas fronteiras, que membros do GPIMEM têm explorado giram em torno da metodologia de pesquisa.

Em nosso grupo de pesquisa, diversos estudos no contexto da EaDonline foram realizados com base na metodologia de pesquisa qualitativa, os quais se apoiaram em autores como Lincoln e Guba (1985), Goldenberg (1999), Alves-Mazzotti (2001) e diversos autores presentes na coletânea organizada por Denzin e Lincoln (2000). Tais autores e os próprios membros do grupo, de diferentes formas, defendem a importância do pesquisador se envolver com o ambiente da pesquisa, em contraposição à assepsia usual de outros tipos de investigação que tentam um impossível afastamento completo do pesquisador do que se estuda. Estamos conscientes de que, mesmo a distância, nossa presença como professor e pesquisador interfere, condiciona e influencia o ambiente pesquisado, mas ainda não temos claro se há diferenças desse tipo de influência quando comparada com uma sala de aula usual.

Borba (2004), por outro lado, apresentou uma série de questões acerca do ambiente natural no cenário da Educação, enfatizado na abordagem qualitativa por Lincoln e Guba (1985), quando esta ocorre em ambientes virtuais de aprendizagem (AVA). O que seria um ambiente natural em EaDonline? Um AVA pode ser considerado um ambiente natural? Borba, neste ensaio, expande um pouco esta questão. Para ele, no *chat*, a fala é "naturalmente" transcrita, e "a natureza [do] texto produzido é diferenciada, é um misto de fala e escrita" (p. 309) e destaca que esse fato não é levado em consideração nas pesquisas em EaDonline de cunho qualitativo. O ambiente da pesquisa é virtual, mas ele questiona se os espaços físicos "diferentes de onde as pessoas acessam o sítio ou a sala de bate papo" deveriam também ser investigados. Neste artigo, o autor apresenta questões como "*O que significa uma 'entrevista' via correio eletrônico ou sala de bate-papo? Como fazer a triangulação proposta por Lincoln & Guba (1985) há quase 20 anos como forma de distanciarmos mais ainda nossas afirmações de uma mera opinião*" (2004, p. 310, grifos do autor).

Conforme apresentamos no capítulo anterior, o coletivo seres-humanos-com-mídias é a unidade base que produz conhecimento e, com isso, as mídias condicionam essa produção. Mas será que ele influencia também a metodologia, vista classicamente como o caminho para o conhecer? Nós cremos que há influências, embora elas não se façam notar em todas as dimensões da metodologia de pesquisa. Compreendemo-na como o amálgama entre a visão de conhecimento e os procedimentos de pesquisa desenvolvidos em um dado estudo. Iremos então analisar como que alguns elementos da metodologia da pesquisa *online* vêm sendo alterados ou não, em nossas experiências por essa nova modalidade de educação: a EaDonline.

A pergunta de pesquisa

Definir a pergunta de pesquisa é um dos elementos principais de uma investigação. A interrogação que direcionou o estudo, que foi parcialmente apresentado, foi moldada ao longo de toda a investigação, de acordo com a descrição realizada em Araújo e Borba (2004), caracterizando o *design* emergente da pesquisa, ou seja, mudanças de procedimentos metodológicos e até mesmo de foco podem ocorrer ao longo do desenvolvimento de um estudo e que são importantes para ele, pois essas mudanças "sinalizam um movimento para um nível de investigação sofisticado e que proporciona um maior *insight*" (Lincoln; Guba,1985, p. 229).

Mas precisávamos adotar o que Bicudo (1993) denomina, de acordo com a fenomenologia, colocar o objeto em suspensão, olhá-lo sem "pré-conceitos", para que possa ser visto do modo como se mostra ao nosso olhar atento, sem óculos teóricos. Tomando-se o que é visto como aspectos perspectivais do que foi focado, no caso, a elaboração de projetos de Modelagem a distância, mediante análise e reflexão, buscamos pelo sentido que isso faz perante a nossa pergunta, visando às suas características. Esse é um processo que pode apontar novos aspectos (em relação aos comumente afirmados, quer seja em teorias, pesquisas ou falas do cotidiano) e nos colocar em alerta para que não nos deixemos levar por afirmações prévias, bem como, não fiquemos apenas ao nível das manifestações primeiras.

Ao desenvolvermos uma pesquisa *online*, não pudemos notar influências significativas da internet na geração da pergunta de pesquisa, exceto por uma trivial: além da discussão com o grupo de pesquisa, ela permitiu que alguns pesquisadores fossem contatados através da rede para discutir a originalidade e a relevância da pergunta escolhida. Há outro aspecto, entretanto, que ainda estamos estudando no tocante à mudança da pergunta do estudo aqui descrito. Já vimos que é natural que a pergunta se modifique nessa visão de conhecimento que se apoia em um *design* emergente de pesquisa. No caso em questão, o fato de outras interfaces da internet, fora do ambiente TIDIA-Ae, serem utilizadas pelos participantes do curso, fez com que a pergunta fosse modificada para abarcar tais formas de comunicação não previstas pela pesquisadora. Esse tipo de modificação na pergunta, causada pela forma como os alunos-professores utilizaram a internet, não nos parece forte o suficiente para ser dita que ela moldou a pergunta da mesma forma que acreditamos que ela molda e transforma a coleta de dados, mas achamos importante chamar a atenção do leitor para análises mais profundas sobre o tema, que nós mesmos estamos fazendo, visando a identificar papéis mais relevantes para os AVA na elaboração de perguntas de pesquisas relacionadas às práticas de EaDonline.

A COLETA DE DADOS

Conforme apresentado, o contexto da pesquisa foi a edição de 2006 do curso de Tendências, e a coleta de dados, então, teve início com o próprio curso, visto que, a partir dos encontros via *chat*, os alunos-professores começaram a determinar com quem iriam trabalhar, e questões sobre a escolha do tema dos projetos começaram a surgir. Vale ressaltar que, com exceção de duas duplas, os demais não se conheciam presencialmente e que a produção dos projetos, em todos os casos, ocorreu a distância, ou seja, não houve encontros presenciais para a sua elaboração.

Após a escolha do tema, as duplas começaram a interagir com a pesquisadora utilizando para isso algumas ferramentas do ambiente, além de *e-mail* e MSN. Com isso, toda comunicação ocorrida entre ela e os alunos-professores, ao longo do curso, ou seja, conversas via *chat* ou MSN, *e-mails* trocados, além do material e mensagens postadas no ambiente TIDIA-Ae, foi gravada automaticamente, valendo-se dos recursos das ferramentas utilizadas. As versões dos projetos de Modelagem enviadas previamente, para que a pesquisadora colaborasse com sugestões e críticas, além das versões finais, foram arquivadas. Ademais, entrevistas individuais foram realizadas, por meio de sessões de bate-papo, com todos os participantes, com o objetivo de esclarecer algumas questões acerca do desenvolvimento dos projetos, como ferramentas utilizadas, escolha do tema, entre outras. Todas essas informações constituem o corpo de dados deste estudo. O leitor, neste momento, deve estar se perguntando: como esses dados foram coletados e organizados?

O ambiente TIDIA-Ae registra todos os dados nele inseridos e permite que esses sejam recuperados. O hipertexto, por exemplo, por ser um editor de textos assíncrono, permite que as versões geradas sejam recuperadas e ainda informa quem a alterou por último e quando isso ocorreu. Por exemplo, a cada nova alteração, ou inserção de caracteres, é criada uma nova versão e "no final" de um determinado documento pode-se ter um número grande de versões. Além disso, é possível recuperar todas elas, sabendo-se também o autor de cada alteração e a data em que essa foi realizada. As demais ferramentas do ambiente apenas armazenam as informações. Com isso, no decorrer do curso, na medida em que os participantes interagiam entre si ou com os professores, os dados eram inseridos no ambiente, e a pesquisadora os convertia para arquivos de texto e os salvava, separando-os por ferramentas e duplas.

As interações que ocorreram entre os alunos-professores e pesquisadora por *e-mail* ou MSN também foram arquivadas. Contudo, as realizadas entre eles, a partir dessas mídias, não constituíram o corpo de dados da pesquisa. Sendo assim, algumas informações, ao longo da coleta, ficaram incompletas, como se houvesse buracos em um quebra-cabeça. Para isso, foram realizadas entrevistas individuais com cada um dos participantes, com o intuito de resgatar algumas "peças" para melhor compor o quebra-cabeça.

O ambiente TIDIA-Ae foi o principal ator no curso de Tendências de 2006, participando do ponto de vista metodológico de forma ímpar. Há de se destacar, então, que a transcrição de dados não é algo que faz parte das pesquisas desenvolvidas em ambientes como o TIDIA-Ae. Diversos estudos realizados em nosso grupo foram feitos a partir de situações presenciais que foram filmadas. Nesses casos, era necessário que o pesquisador transcrevesse as falas para analisá-las. Em outros casos, entrevistas eram feitas utilizando-se de recursos de áudio que não eram digitais, e a transcrição também se fazia necessária. O debate já travado, sobre transcrição ou não total dos dados (Bicudo, 2000; Villarreal, 1999; Penteado; Borba, 2000) torna-se sem sentido em ambientes como esse, já que a transcrição é feita automaticamente, o que aumenta a fidedignidade dos dados. Questões como essas nos fazem pensar que a internet transforma o "fazer pesquisa" e algumas particularidades da metodologia utilizada. Note que não se trata de uma discussão maniqueísta, já que é possível, conforme argumentos de alguns autores, que o ato de transcrever seja de fato fundamental, embora entendamos que todos reconheceriam que não faz sentido fazer com que o pesquisador transcreva o que a plataforma já faz automaticamente.

É necessário que o pesquisador fique atento que, de forma similar, porém mais intensa, os participantes de uma pesquisa baseada em interações presenciais podem se comunicar entre si sobre temas da pesquisa sem o conhecimento do pesquisador. O ambiente *online* já permite isso, no mínimo através do correio eletrônico (relação um-a-um) de uma maneira natural. Se estivermos em uma sala de aula presencial, podemos notar olhares entre os alunos ou o desinteresse deles. Em um *chat* ou videoconferência, podemos notar o silêncio, mas não temos ideia do que pode estar sendo falado pelo comunicador instantâneo ou via *e-mail*. O pesquisador deve, então, ficar cauteloso em relação às conclusões que tirará de um dado estudo, já que os seus dados provavelmente representam um recorte ainda mais apurado das interações entre os participantes do que aquele pensado por ele.

Certamente, a pesquisa *online* gera uma quantidade de dados imensa. Se por um lado ela pode ser facilitada pela transcrição automática, por outro lado, o pesquisador terá que se acostumar com a análise de dados *online* e na busca de procedimentos para de forma indutiva chegar ao que temos chamado de temas ou episódios que permitam a análise e a apresentação dos dados, como discutiremos mais à frente.

Muitos pesquisadores às vezes se perdem tentando identificar se a sua pesquisa é um "estudo de caso", uma "pesquisa-ação" ou uma "observação participante", entre outros. De forma geral, temos proposto que a metodologia seja descrita e não rotulada. Esse tal conselho parece ser mais adequado ainda quando nos debruçamos sobre determinados elementos da metodologia. Por exemplo: os dados coletados em um ambiente de aprendizagem online podem ser vistos como entrevistas ou como documentos. Alguns podem defender que é um documento, já que pode ser impresso, por outro lado nós argumentaríamos que um material vindo do *chat* seria um misto de oralidade de terceira ordem com escrita de segunda ordem. Lévy (1993) definiu que após a escrita surgiu uma oralidade de segunda ordem, oriunda da leitura, em contraste com a oralidade de primeira ordem, não vinculada à leitura. Borba e Villarreal (2005) sustentam que parte da linguagem desenvolvida com a internet apresenta características de uma fala escrita ou de uma escrita falada, originando daí a ideia de denominá-la de oralidade de terceira ordem ou escrita de segunda ordem.

De todo modo, o mais importante é não se prender a nomes, mas, sim, entender que a própria plasticidade das mídias informáticas deixa no mínimo em dúvida a noção que podemos chamar um *chat* de "documento", expressão usualmente associada a objetos mais perenes do que esses. Sendo assim, que se evite o rótulo de dizer se seus dados são documentos ou não, e diga se são oriundos de um fórum, de uma sala de bate-papo, de um hipertexto ou de outra ferramenta, que permitirá ao leitor familiarizado com essas interfaces informáticas entender se houve predominantemente um multiálogo, um debate linear quase sequencial, ou uma escrita colaborativa, características associadas, respectivamente, às ferramentas acima. Mais ainda, caberá ao pesquisador descrever, em linhas gerais, como foi a interação nesse *chat*, por exemplo.

A ANÁLISE DE DADOS

Na discussão feita anteriormente, o leitor pode ter se questionado se estávamos nos referindo à coleta ou à análise dos dados. Martins e Bicudo (2005) afirmam que a metodologia de pesquisa qualitativa deve ser de natureza teórica e prática, ou seja, o trabalho de coleta e análise deve estar relacionado, a todo instante, com as interrogações teóricas perseguidas e estudadas pelo pesquisador, pontuações que corroboramos, visto que, para nós, a análise tem início já na coleta. Nesse sentido, ele deve ter em mente seu problema de pesquisa e olhar para os dados, ainda durante a coleta, tentando identificar possíveis "respostas". Um exemplo disso foi a realização das entrevistas ao final do curso. Sua necessidade foi constatada pelo fato de a pesquisadora estar debruçada sobre os dados, interagindo com eles, ao longo de todo o processo de obtenção das informações.

Durante o processo de coleta de dados, a pesquisadora já foi organizando-os. Nessa fase, o pesquisador também está fazendo análise, ao "classificar" seus dados de acordo com um determinado "critério". Neste exemplo, essa classificação se deu por duplas. As informações referentes a cada uma delas foram separadas por ordem cronológica, visto que o objetivo da pesquisa é compreender como ocorre a elaboração de um projeto de Modelagem a distância. Então, os dados, desde a escolha do tema até as entrevistas, foram catalogados e impressos, para então ser "iniciada" a análise. Por outro lado, os dados digitalizados permitiram que ferramentas de busca fossem utilizadas para que palavras-chave associadas às respostas fossem localizadas.

O processo de análise propriamente dito é longo e solitário, visto que o pesquisador interage com seus dados em busca de evidências sobre a questão de pesquisa. Para nós, como já destacamos, ele se inicia já na coleta, e vai se moldando na medida em que o pesquisador visualiza o que ele pretende apresentar para seu público. No caso da pesquisa aqui destacada, o primeiro grande desafio era apresentar os dados para o leitor. O que apresentar? Como apresentar? O volume de dados gerado foi grande, ultrapassando 1.500 páginas impressas. Como transformar todas essas informações em poucas páginas que explicitassem "tudo" o que é considerado relevante para a pesquisa?

Araújo e Borba (2004), entre outros autores, acreditam que a utilização de diferentes procedimentos pode influenciar nos resultados dos estudos e, com isso, destacam a triangulação como uma possibilidade para aumentar a credibilidade de uma pesquisa desenvolvida em uma abordagem qualitativa.

Denzin e Lincoln (2000) afirmam que a triangulação não é uma ferramenta ou estratégia de validação, mas uma alternativa para ela, e acrescentam que a combinação de vários procedimentos metodológicos proporciona um melhor entendimento e análise dos dados, com o intuito de abranger uma maior amplitude na descrição, explicação e compreensão do fenômeno estudado. Segundo Lincoln e Guba (1985), a triangulação por diferentes métodos é uma das técnicas para melhorar a interpretação dos dados, gerando maior credibilidade no momento da sua análise.

No estudo que estamos apresentando, a triangulação ocorreu na medida em que diversos procedimentos metodológicos foram utilizados para a análise dos dados. Conforme já sugerimos, a natureza da escrita no *chat* é qualitativamente diferente do que uma mensagem postada no fórum, por exemplo, pela própria natureza da comunicação neles estabelecida, visto que uma é síncrona, em tempo real, e outra assíncrona. Nesse sentido, a triangulação pode auxiliar na interpretação dos dados, conferindo-lhes maior confiabilidade. No exemplo que estamos utilizando, a pesquisadora optou em descrever alguns momentos considerados por ela relevantes para a elaboração dos projetos de Modelagem a distância, cronologicamente, como o processo da escolha do tema, as mídias utilizadas no desenvolvimento, a apresentação dos projetos para os demais alunos-professores durante encontro síncrono via *chat*, etc. Em cada um desses momentos, foi realizada uma descrição, com interseções de recortes de trechos da sala de bate-papo ou de outra ferramenta utilizada, a fim de proporcionar maior fidedignidade aos fatos ocorridos. Algumas das expressões utilizadas, gráficos traçados, enfim, informações consideradas relevantes, foram "transcritas" exatamente como seus autores o fizeram.

Depois de realizada a apresentação dos dados, o pesquisador, em conjunto com o referencial teórico adotado no estudo, realiza a etapa final da análise, tendo sempre em mente a pergunta de pesquisa. Então, nesse momento, o pesquisador evidencia os resultados obtidos, confrontando-os com a teoria por ele eleita para embasar seu estudo.

Outro procedimento que é recomendado por autores como Lincoln e Guba (1985) há mais de duas décadas é seguido no GPIMEM, quando em encontros semanais discutimos, entre outras coisas, as análises feitas por diferentes membros do grupo. O procedimento chamado de "*peer review*", ou revisão pelos pares, ajuda na análise na medida em que interpretações feitas pelo autor têm que ser defendidas junto aos colegas e interpretações alternativas têm que ser refutadas. Tal procedimento tem sido ampliado porque membros do GPIMEM que, ou por não morarem em Rio Claro, ou por estarem ausentes momentaneamente, podem fazer parte desse processo seja assincronamente, através do correio eletrônico, ou mesmo diretamente como já fizemos em algumas reuniões, defesas e palestras no exterior de um membro do grupo. Em tais ocasiões, temos utilizado o *Skype*[6] e o MSN como ferramentas. Desta forma, a internet tem permitido a extensão dessa parte da metodologia de pesquisa, ao mesmo tempo que permite que o próprio grupo mantenha seus vínculos virtuais.

---

[6] <http://www.skype.com/>. Acesso em: 31 mar. 2014.

A REVISÃO DE LITERATURA

Conforme apresentamos no início deste capítulo, a internet tem sido utilizada pelos alunos para o desenvolvimento de projetos de Modelagem em situações de ensino presencial. Quando tais projetos ocorrem na rede, como no caso do curso de Tendências, a internet se torna fonte "natural" de pesquisas. Sítios de busca são utilizados com frequência em diversos tipos de pesquisa no contexto educacional. E em pesquisas acadêmicas, como isso ocorre?

A revisão de literatura de um estudo é composta por um conjunto de obras que estão em consonância com o problema de pesquisa e, nesse sentido, devem estar "a serviço" do estudo, possibilitando um mapeamento das investigações e resultados sobre determinado tema. Acreditamos que não existem modelos a ser seguidos, mas que o bom senso é a principal estratégia para se compor uma revisão, em conjunto com a metodologia de pesquisa, que é formada pelos procedimentos metodológicos, que devem estar em consonância com a visão de conhecimento. E isso vale também para as fontes da internet. Muitas vezes, encontramos textos para *download* na rede, em sítios de instituições reconhecidas na academia e os utilizamos em nossas revisões. Periódicos renomados também disponibilizam artigos eletronicamente na rede, alguns pagos e outros não. Esses são alguns exemplos de fontes consideradas "confiáveis" no meio acadêmico, mostrando que a virtualidade da rede mundial de computadores é impregnada de aspectos sociais. Diniz (2007) observa, em sua pesquisa, que alunos da graduação em sala de aula presencial, ao se engajarem em projetos de Modelagem, no qual eles escolheram o problema a ser estudado, também utilizam critérios impregnados de aspectos sociais para decidirem se um sítio é ou não confiável.

Por outro lado, existem sítios, como a Wikipédia,[7] uma enciclopédia virtual baseada em *Wiki Pages*, que são páginas da Web ditas "abertas", ou seja, permitem que muitas pessoas alterem

---

[7] <http://pt.wikipedia.org/>. Acesso em: 31 mar. 2014.

e incluam conteúdos, que são questionáveis. Ao entrarmos na versão em português da Wikipédia nos deparamos com a frase "a enciclopédia livre que *todos podem editar*". Esta seria uma possível definição para tal enciclopédia e, por todos poderem alterar seu conteúdo, este torna-se "suspeito" na Academia. Ademais, podemos citar algo dela e, quando alguém for "checar", o conteúdo pode estar totalmente diferente. Não estamos aqui defendendo o não uso da Wikipédia como fonte de informação, porém temos encontrado debates sobre sua utilização em trabalhos acadêmicos e também sobre falsos dados que nela estão inseridos. Com isso, é importante que as informações nela contidas sejam também verificadas em outras fontes.

Realizar uma revisão de literatura consiste em fazer um mapeamento de trabalhos desenvolvidos na área do estudo e a internet, nos dias atuais, costuma auxiliar no processo de busca por material que possua características que convirjam para a investigação que está sendo realizada. Atentamos que a rede é uma vasta biblioteca e que nela é difícil não encontrar o que procuramos, porém o bom senso deve ser predominante para que apenas dados confiáveis possam ser utilizados.

Ambiente "natural" da internet

A internet para muitos pode ser entendida como virtual em um sentido que se opõe ao real. Para muitos é entendida até como fuga, visto que a palavra virtual é muitas vezes utilizada para designar algo que não é real, "enquanto a 'realidade' pressupõe uma efetivação material, uma presença tangível" (Lévy, 1999, p. 47). Esse autor destaca que o virtual não se opõe ao real, e sim ao atual e afirma que "o virtual é real" (p. 48), isto é, que ele existe sem estar presente, ou seja, o virtual não substitui o real, ou o natural, mas, sim, amplia oportunidades para que experiências sejam desenvolvidas em diferentes contextos, como salas de aula ou experimentos de ensino, e essas podem gerar pesquisas. Lévy (1993) também atenta para as "novas maneiras de pensar e conviver [que] estão sendo elaboradas no mundo das telecomunicações e da informática" (p. 7) e destaca que "as relações entre os homens, o trabalho, a própria inteligência dependem, na verdade, da metamorfose incessante de dispositivos informacionais de todos os tipos"(p. 7).

Esperamos ter convencido o leitor de que as relações na rede são impregnadas de vínculos entre pesquisadores, pesquisados, colaboradores, etc. Ou seja, são relações sociais que se estabelecem e em alguns casos com mais clareza, do que em outros, transformam, por exemplo, a forma como fazemos pesquisa. É isso que chamamos "papel da internet", que como atriz molda a fala e ajuda a criar linguagens que cada vez mais combinam texto escrito, oralidade de diversas ordens, imagens, sons e animações.

Essas mudanças trazidas pela rede são ao mesmo tempo assustadoras para o humano que não a conhecia ou ainda não a conhece, e ao mesmo tempo ajuda a estabelecer o que é humano no início do século XXI, já que mesmo os sem-acesso à internet começam a ter sua vida moldada por ela, da mesma forma que os sem-terra e sem-teto têm sua vida moldada pela propriedade privada concentrada na mão de poucos.

Para Lincoln e Guba (1985), realizar a pesquisa em um contexto natural sugere que os atores do estudo não podem ser compreendidos isolados desse contexto; além disso, eles afirmam que na observação, por exemplo, o pesquisador acaba sendo influenciado pelo que é visto e, assim, a interação entre pesquisa e pesquisador deve ser constante para uma melhor compreensão do fenômeno estudado. Nesse sentido a pergunta feita por Borba (2004) parece já respondida: o ambiente virtual pode ser considerado natural, no sentido que Lincoln e Guba (1985) o descreveram, ou seja, em contraste com um ambiente criado exclusivamente para pesquisa. A internet já impregna nossa vida como os parques, as escolas ou outros ambientes "naturais" onde uma pesquisa que tenta ligar suas compreensões às experiências das pessoas se realiza. A rede já é natural, ela já modificou o humano, os coletivos seres-humanos-com-internet protagonizam cenários educacionais e moldam os modos de pensamento e produção do conhecimento, não sendo mais "ETs". Já há alunos que chegam às escolas e às universidades sem "sotaque" (Borba, 2004) algum em relação ao uso da internet. Ela já permeia o humano no início do século XXI.

Com base nas experiências relatadas no contexto do CVM, acreditamos que a internet pode possibilitar novas práticas em Educação, em especial, Educação Matemática, constituindo comunidades que se envolvem em torno de um tema para debater, colaborar e aprender questões tanto no contexto acadêmico quanto escolar. Ademais, inferimos que as práticas apresentadas, como o desenvolvimento de projetos de Modelagem, são exemplos de que atividades desenvolvidas no contexto da EaDonline, são transformadas a partir do cenário em que são efetuadas.

Capítulo VI

Atuação docente e outras dimensões em EaDonline

Neste livro abordamos diversos aspectos em Educação a Distância online (EaDonline). Tentamos apresentar em detalhes como ela se dá, como se materializa por meio de salas de bate-papo, videoconferências ou outras interfaces. Vimos como que a noção de seres-humanos-com-mídias pode sustentar uma visão de EaDonline que realça o tipo de interação que temos com diferentes interfaces utilizadas em ambientes de aprendizagem. Nossa intenção era permitir que o leitor pudesse analisar o que pode acontecer nessa modalidade de educação e que desta maneira pudesse ser evitado um debate maniqueísta sobre EaDonline.

Ao fazermos isso, defendemos um modelo para cursos que é baseado em pequenas turmas com possibilidade de intensa interação com os participantes. Em particular, mostramos como que tal modelo pode ter impacto na sala de aula presencial ao permitir que o professor esteja de modo praticamente simultâneo experimentando cursos *online* e tendo suporte no mesmo momento que traz inovação para sua própria prática. Tal modelo se opõe às práticas virtuais que visam apenas o "baixar de arquivos", nos quais os estudantes são avaliados mediante testes rápidos.

De todo modo, é preciso adotar uma postura crítica. Sabemos que não é frequente a possibilidade de realização de cursos como as experiências por nós vivenciadas, com turmas reduzidas e sob a orientação de mais de um professor, etc. Da mesma forma, raras são as experiências, especialmente com Matemática, que podem contar com a tecnologia da videoconferência e um suporte técnico especializado tão próximo do professor em formação. Também é fato que ter boas condições não é garantia de que um curso prospere. Ter acesso é um passo, tecnologias adequadas também são importantes, mas é fundamental que haja um trabalho pedagógico relacionado ao uso da internet.

Tratamos também de práticas *online* que não são baseadas na noção de curso, como é o caso do Centro Virtual de Modelagem, que pode ser visto como uma comunidade virtual em construção que tematiza uma importante tendência em Educação Matemática: a Modelagem, que é entendida como um enfoque pedagógico no qual os alunos participam ativamente da gestação dos problemas que serão estudados em sala de aula. Projetos de pesquisa e intercâmbio de experiências têm sido desenvolvidos nesse sítio, os quais podem ser considerados como práticas de "autodesenvolvimento profissional" nos quais os professores envolvidos podem dar início a fóruns, bate-papos e outras formas de interação, de acordo com um subtema vinculado à Modelagem.

Por outro lado, apenas tratamos de forma inicial de outros temas extremamente relevantes. Por exemplo, não enfatizamos a discussão sobre políticas públicas para EaDonline ou mesmo como que sua prática modifica a concentração de formação profissional a apenas algumas regiões do país. Tal opção foi proposital, graças ao fato de termos pesquisas consolidadas sobre os temas que escolhemos e apenas reflexões iniciais sobre esses outros.

Tratamos também apenas de modo inicial da riqueza que tem sido participar do projeto TIDIA-Ae. Nele pudemos, enquanto GPIMEM, participar com outros grupos, majoritariamente da área de Ciências da Computação, da construção de um AVA. Possibilitar a um grupo da área de educação, como o nosso, gerar demandas para o desenvolvimento da plataforma e, por outro lado, entender os limites e as sugestões de outros grupos de pesquisa ajudou em muito no amadurecimento do GPIMEM. Vivenciar a interdisciplinaridade, muito em voga, mas nem sempre praticada, foi uma parte importante desse processo de participar de forma consciente da geração de uma plataforma de EaDonline e não só utilizá-la. O leitor interessado pode se reportar a Borba *et al.* (2005) para compreender que tipo de influência nosso grupo teve nesse projeto.

Não nos referimos aos estudos que têm trabalhado com jogos eletrônicos via internet, como os de Rosa e Maltempi (2006) ou da questão da avaliação *online* que vem sendo desenvolvida por Kenski e colegas do Educacional[1]. Não tratamos também de tópicos importantes do mundo virtual como as listas eletrônicas. A lista de *e-mails* da Sociedade Brasileira de Educação Matemática (SBEM),[2] por exemplo, tem sido um importante meio no qual todos-falam-com-todos e geram ideias de artigo, debates acalorados não só sobre Educação Matemática, mas também sobre todo tipo de assunto que possa vir a tangenciá-la. Tal lista se caracteriza por uma concepção na qual a nossa região de interesse específico é vista como interligada com praticamente qualquer outra dimensão do conhecimento. Mais ainda, essa lista se transformou em um lócus virtual no qual as pessoas falam em tom pessoal, ou conversam sobre futebol ou outros temas, da mesma forma que fariam em um bar ou em um café.

Deixamos também de ilustrar resultados parciais de outros projetos do GPIMEM que estão em andamento, como o *Digital Mathematical Performance*,[3] que estuda possibilidades da sinergia entre a Educação Matemática e teorias vindas das Artes quando essas se encontram no mundo virtual. Essa colaboração internacional, envolvendo pesquisadores do Canadá e do Brasil, é um exemplo de como a internet permite que as comunidades se formem a partir dos interesses dos envolvidos e não necessariamente com base na localização geográfica.

---

[1] <http://www.educacional.com.br/>. Acesso em: 31 mar. 2014.

[2] Para se inscrever basta acessar <http://listas.rc.unesp. br/mailman/listinfo/sbem-l> e preencher um formulário eletrônico, informando seu endereço de e-mail. Acesso em: 31 mar. 2014.

[3] <http://www.edu.uwo.ca/dmp/>. Acesso em: 31 mar. 2014. Desde a escrita da primeira edição deste livro uma segunda versão desse projeto de pesquisa já foi desenvolvido e uma terceira acaba de ser aprovada.

A forma como esse projeto é estruturado permite que, na medida em que amostras dos artigos teóricos, ou mesmo que artefatos digitais matemáticos sejam gerados, eles possam ser disponibilizados para os interessados no sítio do projeto.

Um tema, entretanto, já abordado ao longo deste livro merece ser retomado e aprofundado, que é a questão do professor *online*. Como observamos, a EaDonline tem diversas dimensões das quais escolhemos algumas para tratar neste livro. Mesmo se olharmos somente para o aspecto do docente ela também é multifacetada. Já discutimos sobre algumas das especificidades da atuação docente, como desenvolvimento de novas estratégias pelo professor, de acordo com as próprias interfaces utilizadas. No *chat*, ele tem que digitar rapidamente caso queira participar dos temas envolvidos em um multiálogo, nos quais diversos participantes escolhem caminhos diferentes e simultâneos para interagir no debate síncrono. Já na videoconferência, é necessário que esse profissional saiba falar pausadamente e manejar o ambiente ao mesmo tempo em que fala. Em ambos os casos, a tentativa de fazer com que os "tímidos virtuais" participem é um desafio para o qual se deve estar atento.

Com a lente da Educação Matemática, não podemos deixar de mencionar aqui as relações do ambiente de aprendizagem constituído neste curso com a formação dos professores nele envolvidos. O modo como o docente aprende nesse processo pode condicionar a maneira como ele percebe e desenvolve a Matemática em suas aulas. Isto é, possibilita a reflexão sobre elementos importantes do processo de aprendizagem, como conjecturar em cima de problemas específicos, trocar ideias, elaborar justificativas, entre outros. Assim, os cursos foram planejados tomando-se por base concepções de Educação Matemática a distância em que dialogar, discutir conceitos matemáticos, errar, interagir, colaborar, etc. são processos relevantes do "fazer" Matemática. Ao discutirem Matemática, os alunos-professores se posicionavam sobre como trabalhar em sala de aula com aquela Matemática estudada. Em nossas experiências, procuramos valorizar o conhecimento dos professores e também dos alunos-professores e consideramos que esse livro ilustra que um ambiente *online* pode sim atender às recomendações de pesquisadores da área de formação de professores. Ou seja, é possível trabalhar colaborativamente, refletir sobre a prática e trocar experiência.

Observamos ainda que, por priorizar a interação personalizada, o nosso modelo de curso exige uma grande participação assíncrona também. O envio de mensagens eletrônicas, via *e-mails*, para os participantes com sugestões de caminhos a serem percorridos para solucionar ou abordar um determinado tópico de leitura ou problema matemático é um trabalho que demanda muito tempo e habilidade para lidar com alguém que não se pode ver. Diferentemente da relação presencial, na qual gestos, tom de voz e rápidas correções podem sanar um mal entendido, na relação assíncrona, via correio eletrônico, tais possibilidades ficam dificultadas.

Em nossas experiências de pesquisa sempre tivemos dois professores, um que liderava a parte síncrona e outro a assíncrona. O trabalho de acompanhamento assíncrono tem assumido um papel secundário em alguns modelos de curso. Para enfatizar tal questão, têm sido utilizadas expressões como *tutor* e *animador* para se referir a esse profissional. O título de professor muitas vezes fica reservado apenas para alguns poucos que muitas vezes ministram algumas palestras, que em alguns casos têm nenhuma ou pouca interação com os participantes virtuais de um curso ou atividade similar.

Se, do ponto de vista pedagógico, já criticamos modelos que não enfatizam a interação, é necessário que se leve mais além a crítica a essas distinções feitas entre tutor e professor. Não significa dizer que se for usado o termo tutor o papel do professor está sendo automaticamente diminuído. Mas é muito perigoso

---

[4] <http://portal.mec.gov.br/index.php?option=com_content&view=article&id=12407&ltemid=726>. Acesso em: 31 mar. 2014. No momento da escrita da primeira edição desse livro, o FUNDEB ainda estava em criação. Atualmente, ele já foi criado e acreditamos que tal discussão é ainda mais relevante, no momento em que o papel de tutores na Universidade Aberta do Brasil (UAB) é questionado.

que esse profissional não seja chamado de professor, em um momento em que se discute a criação do Fundo de Manutenção e Desenvolvimento da Educação Básica[4] (FUNDEB), como forma de garantir melhor pagamento ao profissional da educação e que está sendo criado um piso nacional para esse profissional que representara um avanço, embora tímido, na questão salarial do professor.

Entendemos que uma melhora radical no salário do professor é questão fundamental para que o docente seja mais respeitado em diferentes grupos – alunos, pais, governo e sociedade em geral – e para que aumente o número de pessoas que optem por essa profissão não apenas como algo passageiro, mas como parte de um projeto de vida, que muitas vezes é abandonado pela questão salarial. É fundamental, então, que mesmo considerando as especificidades do professor *online*, não se abra mão do título de docente para os que exercem tal função de fato. Aquele que responde o correio eletrônico ou está em uma sala presencial auxiliando o aluno a lidar com um dado problema é professor e assim deve ser chamado.

Não podemos permitir que a EaDonline crie um profissional sem direitos, da mesma forma que já há tentativas que se acabe com a autoria de material *online* como estratégia de não se pagar os já minguados, e nem sempre pagos, direitos autorais. Tal prática, sabemos, atinge também apostilas de cursos presenciais, mas ganha bastante força nos emergentes cursos *online*. O material disponível na internet pode ser gratuito, mas sem dúvida alguma o autor do material didático de um curso deve ser remunerado, da mesma forma que o professor. Em caso de cursos públicos e gratuitos, também não se pode exigir que esses profissionais tenham a atitude altruística de trabalhar de graça. É necessário que o docente esteja engajado, mas é necessário também que ele seja visto como um profissional.

Nesse sentido, seria desejável que os cursos presenciais de formação de professores desenvolvessem práticas *online*, de tal forma que os docentes em formação já incorporassem ao seu cotidiano o ritmo das atividades *online* e as estratégias de participação diferenciadas que o professor *online* terá que desenvolver. Já sabemos que em cursos como o da Unesp, Rio Claro, ambientes como TIDIA-Ae e o TelEduc são utilizados, mas não sabemos ainda de cursos que tenham tais questões como prioritárias e que ocupem lugares de destaque no projeto pedagógico de cursos presenciais para professores de Matemática. Até que uma avaliação de projetos online com o objetivo de formar docentes de Matemática seja feita, já é possível dizer que os professores que vivenciam essa formação sabem ao menos utilizar um AVA.

Nem de longe a discussão acima deseja solucionar várias das perguntas que expusemos ao longo deste livro sobre formação de professores, mas, sim, uma contribuição neste sentido juntando pesquisas específicas que desenvolvemos com professores em ambientes *online* com as questões relacionadas às políticas públicas que não, necessariamente, ouvem as vozes daqueles que vivenciam a experiência sobre a qual se legisla. Esperamos que nossa contribuição sobre um modelo de curso baseado na interação, sobre a proposta de comunidades virtuais de autoformação como o CVM, os exemplos concretos de como se dão as interações em ambientes virtuais de aprendizagem e as questões referentes à formação inicial e continuada do professor sirvam para dar continuidade aos debates sobre EaDonline baseado em pesquisas. Esperamos, por fim, que os exemplos apresentados neste livro, assim como as discussões teóricas, possam iluminar outras experiências em EaDonline.

Questões para discussões

Nesta seção, vamos propor algumas questões que podem servir para debate, em ambientes presenciais ou virtuais, àqueles interessados em EaDonline. Em alguns casos, o leitor atento poderá achar respostas no livro, mas em geral ele deverá acessar outras obras para um quadro mais completo do problema ou mesmo para lidar com questões que não foram abordadas neste livro. As questões serão divididas em blocos, a partir de temas.

Possíveis relações entre EaDonline e formação de professor

- Como deve atuar o professor em Educação *online*?
- Deverá haver estágios de prática de ensino *online* para que o professor aprenda a lidar com essa modalidade de educação?
- Quais as vantagens e desvantagens do uso da expressão "tutor" para designar o professor que muitas vezes está em uma sala de aula auxiliando o professor que está *online*?
- Do ponto de vista da lei, o que é dito sobre professor *online*? Que projetos de lei você proporia para regulamentar diversos aspectos em EaDonline?
- Enquanto professor, você prefere um curso de educação continuada *online* ou presencial? Por quê?

- Quais são as possíveis relações entre a ubiquidade da internet e as práticas pedagógicas?

Modelos de cursos online

- A quem interessa o modelo de curso que reproduz aquele da televisão, no qual há pouca interação entre o apresentador e os participantes?
- A utilização predominante de uma ferramenta de um ambiente virtual, como a sala de bate-papo ou a videoconferência, modifica a forma como os participantes do curso se relacionam?
- Todas as páginas da internet devem ter acessos liberados em cursos *online*? Por quê?
- É interessante que participantes de cursos, *online* ou presenciais, tenham responsabilidades de liderar os debates em algumas das aulas? Por quê?

Práticas virtuais em Educação

- O que constitui uma comunidade virtual de aprendizagem?
- Em qual(is) sentido(s) os ambientes virtuais e suas interfaces moldam a educação?
- Quais seriam os possíveis papéis da internet no desenvolvimento de projetos de modelagem?
- Você acredita na sinergia entre Modelagem e internet? Justifique sua resposta.

Metodologia de pesquisa online

- O que significa fazer uma pesquisa *online*?
- Como se dá a coleta de dados *online*?
- É possível a triangulação *online*?
- Dados de cursos *online* são documentos? Justifique.
- O que significa afirmar que a internet é um ambiente natural para o desenvolvimento de pesquisas?

Referências

ACCIOLI, R.M. *Robótica e as transformações geométricas: um estudo exploratório com alunos do ensino fundamental.* 2005. Dissertação (Mestrado em Educação Matemática). Pontifícia Universidade Católica, São Paulo, 2005.

ALMEIDA, L.M.W.; DIAS, M.R. Um estudo sobre o uso da Modelagem Matemática como estratégia de ensino e aprendizagem. *Bolema*, v. 17, n. 22, p. 19-35, 2004.

ALRØ, H.; SKOVSMOSE, O. *Diálogo e aprendizagem em Educação Matemática*. Tradução de FIGUEIREDO, O. Belo Horizonte: Autêntica, 2006.

ALVES-MAZZOTTI, A. O método nas Ciências Sociais. In: ALVES-MAZZOTTI, A. J.; GEWAMDSZNADJDER, F. *O método nas ciências naturais e sociais: pesquisa quantitativa e qualitativa.* 2ª reimp. 2ª ed. São Paulo: Pioneira, 2001. p. 107-188.

ARAÚJO, J.L. *Cálculo, tecnologias e Modelagem Matemática: a discussão dos alunos.* 2002. Tese (Doutorado em Educação Matemática) – Instituto de Geociências e Ciências Exatas, Universidade Estadual Paulista, Rio Claro, 2002.

ARAÚJO, J.L.; BORBA, M.C. Construindo pesquisas coletivamente em Educação Matemática. In: BORBA, M.C.; ARAUJO, J.L. (Org.). *Pesquisa Qualitativa em Educação Matemática.* Belo Horizonte: Autêntica, 2004. p. 25-45.

BAIRRAL, M.A. Compartilhando e construindo conhecimento matemático: análise do discurso nos chats. *Bolema,* v. 17, n. 22, p. 1-17, 2004.

BAIRRAL, M.A. *Desarrollo profesional docente en Geometría: análisis de un proceso de Formación a Distancia.* 2002. Tese (Doutorado em Didáctica de las Ciencias Experimentals i de las Matemáticas) – Universitat de Barcelona, Espanha, 2002.

BAIRRAL, M.A. Desenvolvendo-se criticamente em Matemática: a formação continuada em ambientes virtualizados. In: FIORENTINI, D.; NACARATO, A.M. (Org.). *Cultura, formação e desenvolvimento profissional de professores que ensinam Matemática: investigando e teorizando a partir da prática*. São Paulo: Musa Editora; Campinas, SP: GEPFPM-PRAPEM-FE/UNICAMP, 2005. p. 49-67.

BARBOSA, R.M. *Descobrindo a Geometria Fractal para a sala de aula*. Belo Horizonte: Autêntica, 2002.

BELLO, W.R. *Possibilidades de Construção do Conhecimento em um Ambiente Telemático: análise de uma experiência de Matemática em EaD*. 2004. Dissertação (Mestrado em Educação Matemática). Pontifícia Universidade Católica, São Paulo, 2004.

BELLONI, M.L. *Educação a Distância*. Campinas: Autores Associados, 2003.

BENEDETTI, F. *Funções,* software *gráfico e coletivos penssante*. 2003. Dissertação (Mestrado em Educação Matemática) – Instituto de Geociências e Ciências Exatas, Universidade Estadual Paulista, Rio Claro, 2003.

BICUDO, M.A.V. *Fenomenologia: confrontos e avanços*. São Paulo: Cortez, 2000.

BICUDO, M.A.V. Intersubjetividade e Educação. *Didática*, São Paulo, v. 15, p. 97-102, 1979.

BICUDO, M.A.V. Pesquisa em Educação Matemática. *Pró-Posições*, Campinas, v. 4, n. 1[10], p. 16-23, 1993.

BORBA, M.C. *Calculadoras gráficas e Educação Matemática*. Rio de Janeiro: Universidade Santa Úrsula, 1999b. (Série reflexão em Educação Matemática, v. 6)

BORBA, M.C. Computadores, representações múltiplas e a construção de idéias matemáticas. *Bolema*, v. 9, especial 3, p. 83-101, 1994.

BORBA, M.C. Dimensões da Educação Matemática a Distância. In: BICUDO, M.A.V.; BORBA, M.C. (Org.). *Educação Matemática: pesquisa em movimento*. São Paulo: Cortez, 2004, p. 296-317.

BORBA, M.C. Diversidade de questões em formação de professores em Matemática. In: BORBA, M.C. (Org.). *Tendências Internacionais em Formação de Professores de Matemática*. Belo Horizonte: Autêntica, 2006, p. 9-26.

BORBA, M.C. Informática trará mudanças na educação brasileira? *Zetetiké*, Campinas, v. 4, n. 6, p. 123-134, jul./dez., 1996.

BORBA, M.C. O computador é a solução: Mas qual é o problema. In: SEVERINO, A.J.; FAZENDA. I.C.A. (Orgs.). *Formação Docente: rupturas e possibilidades*. Campinas: Papirus, 2002, p. 151-162.

BORBA, M.C. *Students Understanding of Transformations of Functions Using Multi-Representational Software*. 1993. Tese (Doutorado em Educação Matemática) – Cornell University, Ithaca, 1993.

BORBA, M.C. Tecnologias Informáticas na Educação Matemática e Reorganização do Pensamento. In: BICUDO, M.A.V. (Ed.). *Pesquisa em Educação Matemática: concepções e perspectivas*. São Paulo: Editora UNESP, 1999a., p. 297-313.

BORBA, M.C. The transformation of mathematics in online courses. In: PSYCHOLOGY OF MATHEMATICS EDUCATION, 29., 2005, Austrália. *Proceedings...* University of Melbourne, Austrália, 2005.

BORBA, M.C. *Um estudo em Etnomatemática: sua incorporação na elaboração de uma proposta pedagógica para o núcleo-escola da vila Nogueira*. 1987. 266f. Dissertação (Mestrado em Educação Matemática) – Instituto de Geociências e Ciências Exatas, Universidade Estadual Paulista, Rio Claro, 1987.

BORBA, M.C.; MALHEIROS, A.P. S. Diferentes formas de interação entre Internet e Modelagem: desenvolvimento de projetos e o CVM. In: BARBOSA, J.C.; CALDEIRA, A.D.; ARAÚJO, J.L. *Modelagem Matemática na Educação Matemática Brasileira: Pesquisas e Práticas Educacionais*. Recife: Sbem, 2007. p. 195-211. (Biblioteca do Educador Matemático). V.3.

BORBA, M.C.; MALHEIROS, A.P. S.; ZULATTO, R.B.A. *Online Distance Education*. Rotterdam: Sense Publishers, 2010, v. 1, p. 93.

BORBA, M.C.; MALTEMPI, M.V.; MALHEIROS, A.P. S. Internet Avançada e Educação Matemática: novos desafios para o ensino e aprendizagem online. *Renote*, Porto Alegre, v. 3, n. 1, maio, 2005.

BORBA, M.C. MENEGHETTI, R.C.G.; HERMINI, H.A. Estabelecendo critérios para avaliação do uso de Modelagem em sala de aula: estudo de um caso em um curso de Ciências Biológicas. In: FAINGUELERNT, E.K.; GOTTLIEB, F.C. (Org.). *Calculadoras gráficas e Educação Matemática*. Rio de Janeiro: Art Bureau, 1999b. p. 95-113.

BORBA, M.C.; MENEGHETTI, R.C.G.; HERMINI, H. A. Modelagem, Calculadora Gráfica e Interdisciplinaridade na sala de aula de um curso de Ciências Biológicas. In: FAINGUELERNT, E.K.; GOTTLIEB, F.C. (Org.). *Calculadoras Gráficas e Educação Matemática*. Rio de Janeiro: Art Bureau, 1999a. p. 75-94.

BORBA, M.C.; PENTEADO, M.G. *Informática e Educação Matemática*. Belo Horizonte: Autêntica, 2001.

BORBA, M.C.; SKOVSMOSE, O. A ideologia da certeza em Educação Matemática. In: SKOVSMOSE, O. *Educação Matemática Crítica: a questão da democracia*. Campinas: Papirus, 2001. p. 127-148.

BORBA, M.C.; VILLARREAL, M.E. *Humans-with-Media and the Reorganization of Mathematical Thinking: Information and Communication Technologies, Modeling, Visualization and Experimentation*. New York: Springer, 2005.

BRASIL. Ministério da Educação e Cultura. Secretaria Fundamental de Educação. *Parâmetros Curriculares Nacionais: Matemática*. Brasília: MEC/ SEF, 1998.

CASTELLS, M. *A Galáxia da internet: reflexões sobre internet, os negócios e a sociedade*. Rio de Janeiro: Jorge Zahar, 2003.

CIFUENTES, J.C. Uma via estética de acesso ao conhecimento matemático. *Boletim GEPEM*, Rio de Janeiro, n. 46, p. 55-72, jan./ jun., 2005.

DENZIN, N.K; LINCOLN, Y.S. The discipline and practice of qualitative research, In: DENZIN, N.K. *Handbook of qualitative research*. 2. ed. Londres: Sage, 2000.

DINIZ, L.N. *O Papel das Tecnologias da Informação e Comunicação nos Projetos de Modelagem Matemática*. 2007. Dissertação (Mestrado em Educação Matemática) – Instituto de Geociências e Ciências Exatas, Universidade Estadual Paulista, Rio Claro, 2007.

FERREIRA, A.C.; MIORIM, M.A. O grupo de trabalho em educação matemática: análise de um processo vivido. In: SEMINÁRIO INTERNACIONAL DE PESQUISA EM EDUCAÇÃO MATEMÁTICA, 2., Santos. *Anais*... Santos, SP, 2003. 1CD-ROM.

FIORENTINI, D. Pesquisar práticas colaborativas ou pesquisar colaborativamente? In: BORBA, M.C.; ARAUJO, J.L. (Org.). *Pesquisa Qualitativa em Educação Matemática*. Belo Horizonte: Autêntica, 2004, p. 47-76.

FONSECA, M.C.F.R.; LOPES, M.P. ; BARBOSA, M.G.G.; GOMES, M.L.M.; DAYRELL, M.M.M.S.S. *O ensino da geometria na escola fundamental: três questões para a formação do professor dos ciclos iniciais*. Belo Horizonte: Autêntica, 2001.

FRAGALE FILHO, R. O contexto legislativo da Educação a Distância. In: FRAGALE FILHO, R. (Org.). *Educação a distância: análise dos parâmetros legais e normativos*. Rio de Janeiro: DP&A, 2003. p. 13-26.

FREIRE, P. *Pedagogia do oprimido*. 45. ed. Rio de Janeiro: Paz e Terra, 2005.

GARNICA, A.V.M. *Fascínio da técnica, declínio da crítica: um estudo sobre a prova rigorosa na formação do professor de Matemática*. 1995. Tese (Doutorado em Educação Matemática) – Instituto de Geociências e Ciências Exatas, Universidade Estadual Paulista, Rio Claro, 1995.

GOLDENBERG, M. *A arte de pesquisar: como fazer pesquisa qualitativa em Ciências Sociais*. 3.ed. Rio de Janeiro: Record, 1999.

GONZALEZ, M. *Fundamentos da tutoria em Educação a Distância*. São Paulo: Avercamp, 2005.

GRACIAS, T.A.S. *A Reorganização do pensamento em um curso a distância sobre Tendências em Educação Matemática*. 2003. Tese (Doutorado em Educação Matemática) – Instituto de Geociências e Ciências Exatas, Universidade Estadual Paulista, Rio Claro, 2003.

GUÉRIOS, E. Espaços intersticiais na formação docente: indicativos para a formação continuada de professores que ensinam Matemática. In: FIORENTINI, D.; NACARATO, A.M. (Org.). *Cultura, formação e desenvolvimento profissional de professores que ensinam Matemática: investigando e teorizando a partir da prática*. São Paulo: Musa Editora; Campinas, SP: GEPFPM-PRAPEM-FE/UNICAMP, 2005. p. 128-151.

HARGREAVES, A. O ensino como profissão paradoxal. *Pátio*. Porto Alegre, ano 4, n. 16, fev./abr., 2001.

IMENES, L.M.P. ; LELLIS, M. *Matemática*. São Paulo: Scipione, 1997.

JACOBINI , O.R. *A Modelagem Matemática como instrumento de ação política na sala de aula*. 2004. Tese (Doutorado em Educação Matemática) – Instituto de Geociências e Ciências Exatas, Universidade Estadual Paulista, Rio Claro, 2004.

KENSKI, V.M. *Tecnologias e ensino presencial e a distância*. Campinas: Papirus, 2003.

LABORDE, C. Relationships between the spatial and theoretical in geometry: the role of computer dynamic representations in problem solving. In: INSLEY, D.; JOHNSON, D.C. (Ed.). *Information and communications technologies in school mathematics*. Grenoble: Champman and Hall, 1998.

LÉVY, P. *As tecnologias da inteligência: o futuro do pensamento na era da informática*. Rio de Janeiro: Editora 34, 1993.

LÉVY, P. *Cibercultura*. 1. reimp. Rio de Janeiro: Editora 34, 1999.

LIMA, E. CARVALHO, P. C.P. ; WAGNER, E.; MORGADO, A.C. *A Matemática do ensino médio*. v. 2. Rio de Janeiro: Sociedade Brasileira de Matemática, 1999. Coleção do Professor de Matemática.

LINCOLN, Y.S.; GUBA, E. G. *Naturalistic Inquiry*. Califórnia: Sage, 1985.

LOBO, F.S. *Educação a distância: regulamentação*. Brasília: Plano, 2000.

LOPES, A. *Avaliação em Educação Matemática a Distância: uma experiência de Geometria no ensino médio*. 2004. Dissertação (Mestrado em Educação Matemática). Universidade Pontifícia Católica, São Paulo, 2004.

LOURENÇO, M.L. A demonstração com informática aplicada à Educação. *Bolema*, v. 15, n.18, p. 100-111, 2002.

MACHADO JÚNIOR, A.G.; SANTO, A.O.E.; SILVA, F.H.S. O ambiente de Modelagem Matemática e a Aprendizagem dos alunos: relatos de experiência. In: SEMINÁRIO INTERNACIONAL DE PESQUISA EM EDUCAÇÃO MATEMÁTICA, 3., Águas de Lindóia. *Anais*... Águas de Lindóia, SP, 2006. 1CD-ROM.

MACHADO, N.J. *Matemática e língua materna: análise de uma impregnação mútua*. São Paulo: Cortez, 2001.

MAIA, C. *Guia brasileiro de educação a distância (2002/2003)*. São Paulo: Esfera, 2002.

MALHEIROS, A.P. S. *A produção matemática dos alunos em ambiente de modelagem*. Dissertação. 2004. (Mestrado em Educação Matemática) – Instituto de Geociências e Ciências Exatas, Universidade Estadual Paulista, Rio Claro, 2004.

MALHEIROS, A.P. S. Contextualizando o design emergente numa pesquisa sobre Modelagem Matemática e Educação a Distância. In: ENCONTRO BRASILEIRO DE ESTUDANTES DE PÓS-GRADUAÇÃO EM EDUCAÇÃO MATEMÁTICA, 10. Belo Horizonte. *Anais*... Belo Horizonte: Universidade Federal de Minas Gerais, Faculdade de Educação, 2006.

MARTINS, J.; BICUDO, M.A.V. *A pesquisa qualitativa em Psicologia: fundamentos e recursos básicos*. 5. ed. São Paulo: Centauro, 2005.

MISKULIN, R.G.S. *et al.* Pesquisas sobre trabalho colaborativo na formação de professores de matemática: um olhar sobre a produção do PRAPEM/UNICAMP. In: FIORENTINI, D.; NACARATO, A.M. (Org.). *Cultura, formação e desenvolvimento profissional de professores que ensinam Matemática: investigando e teorizando a partir da prática*. São Paulo: Musa Editora; Campinas: GEPFPM-PRAPEM -FE/UNICAMP, 2005.

MORAN, J.M.M. *O que é educação a distância*. 2002. Disponível em: <http://www.eca.usp.br/prof/moran/dist.htm>. Acesso em: 12 jan. 2006.

NACARATO, A.M. A escola como lócus de formação e de aprendizagem: possibilidades e riscos de colaboração. In: FIORENTINI, D.; NACARATO, A.M. (Org.). *Cultura, formação e desenvolvimento profissional de professores que ensinam Matemática: investigando e teorizando a partir da prática*. São Paulo: Musa Editora; Campinas, SP: GEPFPM-PRAPEM-FE/UNICAMP, 2005.

OLIVERO, F.; ARZARELLO, F.; MICHELETTI, C.; ROBUTTI, O. Dragging in Cabri and modalities of transition from conjectures to proofs in geometry. In: PSYCHOLOGY OF MATHEMATICS EDUCATION, 22., Stellenbosh, South Africa. *Proceedings...* Stellenbosh, South Africa, 1998.

PALLOFF, M.R.; PRATT, K. *Construindo comunidades de aprendizagem no ciberespaço: estratégias eficientes para a sala de aula online*. Porto Alegre: Artmed, 2002.

PENTEADO, M.G. Computer-based learning environments: risks and uncertainties for teacher. *Ways of Knowing Journal*, v. 1, 2001.

PENTEADO, M.G.; BORBA, M.C. (Org.). *A informática em ação: formação de professores, pesquisa e extensão*. São Paulo: Olho D'Água, 2000.

PEREZ, G.; COSTA, G.L.M.; VIEL, S.R. Desenvolvimento profissional e prática reflexiva. *Bolema*, v. 15, n. 17, p. 59-70, 2002.

PETERS, O. *A educação a distância em transição*. São Leopoldo: Unisinos, 2002.

PRADO, M.E.B.; ALMEIDA, M.E.B.P. Redesenhando estratégias na própria ação: formação do professor a distância em ambiente digital. In: VALENTE, J.A.; PRADO, M.E.B.B.; ALMEIDA, M.E.B. *Educação a distância via internet*. São Paulo: Avercamp, 2003.

ROSA, M. ; MALTEMPI, M.V . A avaliação vista sob o aspecto da educação a distância. *Ensaio – Avaliação e Políticas Públicas em Educação*, v. 14, p. 57-75, 2006.

SACRAMENTO, M.C.A.F. *Docência online: rupturas e possibilidades para a prática educativa*. 2006. Dissertação (Mestrado em Educação e Contemporaneidade). Universidade Estadual da Bahia, Salvador, 2006.

SANTOS, S.C. *A Produção Matemática em um Ambiente Virtual de Aprendizagem: o caso da geometria Euclidiana Espacial*. 2006. Dissertação (Mestrado em Educação Matemática) – Instituto de Geociências e Ciências Exatas, Universidade Estadual Paulista, Rio Claro, 2006.

SAVIANI, D. *Educação: do senso comum à consciência filosófica*. São Paulo: Cortez, 1985.

SCUCUGLIA, R. *A investigação do teorema Fundamental do Cálculo com calculadoras gráficas*. 2006. Dissertação (Mestrado em Educação Matemática) – Instituto de Geociências e Ciências Exatas, Universidade Estadual Paulista, Rio Claro, 2006.

SILVA, M. Apresentação. In: SILVA, M. (Org.). *Educação online*. São Paulo: Loyola, 2003b. p. 11-20.

SILVA, M. EAD online, cibercultura e interatividade. In: ALVES, L.; NOVA, C. (Org.). *Educação a Distância: uma nova concepção de aprendizado e interatividade*. São Paulo: Futura, 2003a. p. 51-73.

TIKHOMIROV, O.K. The Psychological consequences of computerization. In: WERTTSCH, J.V. (Ed.). *The Concept of Activity in Soviet Psychology*. New York: M. E. Sharpe, 1981.

TORRES, P. L. *Laboratório online de aprendizagem: uma proposta crítica de aprendizagem colaborativa para a educação*. Tubarão: Editora Unisul, 2004.

TOSCHI, M.S.; RODRIGUES, M. E. C. Infovias e educação. *Educação e Pesquisa*. v. 29, n. 2, p. 313-326, dez. 2003.

VALENTE, J.A. Criando ambientes de aprendizagem via rede telemática: experiências na formação de professores para o uso da informática na educação. In: VALENTE, J.A. (Org.). *Formação de educadores para o uso da informática na escola*. Campinas: UNICAMP/NIED, 2003a.

VALENTE, J.A. Cursos de especialização em desenvolvimento de projetos pedagógicos com o uso das novas tecnologias: descrição e fundamentos. In: VALENTE, J.A.; PRADO, M.E.B.B.; ALMEIDA, M.E.B. *Educação a distância via internet*. São Paulo: Avercamp, 2003b.

VIANNEY, J.; TORRES, P. ; SILVA, E. *A universidade virtual no Brasil*. Tubarão: Editora Unisul, 2003.

VILLARREAL, M.E. *O pensamento matemático de estudantes universitários de cálculo e tecnologias informáticas*. 1999. Tese (Doutorado em Educação Matemática) – Instituto de Geociências e Ciências Exatas, Universidade Estadual Paulista, Rio Claro, 1999.

ZULATTO, R.B.A. *A natureza da aprendizagem matemática em um ambiente online de formação continuada de professores*. 2007. Tese (Doutorado em Educação Matemática) – Instituto de Geociências e Ciências Exatas, Universidade Estadual Paulista, Rio Claro, 2007.

ZULATTO, R.B.A.; BORBA, M.C. Diferentes mídias, diferentes tipos de trabalhos coletivos em cursos de formação continuada de professores a distância: pode me passar a caneta, por favor? In: SEMINÁRIO INTERNACIONAL DE PESQUISA EM EDUCAÇÃO MATEMÁTICA, 3., Águas de Lindóia, SP, *Anais*... p. 41-56. 2006.

Outros títulos da coleção

Tendências em Educação Matemática

A matemática nos anos iniciais do ensino fundamental – Tecendo fios do ensinar e do aprender

Autoras: Adair Mendes Nacarato , Brenda Leme da Silva Mengali , Cármen Lúcia Brancaglion Passos

Neste livro, as autoras discutem o ensino de matemática nas séries iniciais do ensino fundamental num movimento entre o aprender e o ensinar. Consideram que essa discussão não pode ser dissociada de uma mais ampla, que diz respeito à formação das professoras polivalentes – aquelas que têm uma formação mais generalista em cursos de nível médio (Habilitação ao Magistério) ou em cursos superiores (Normal Superior e Pedagogia). Nesse sentido, elas analisam como têm sido as reformas curriculares desses cursos e apresentam perspectivas para formadores e pesquisadores no campo da formação docente. O foco central da obra está nas situações matemáticas desenvolvidas em salas de aula dos anos iniciais. A partir dessas situações, as autoras discutem suas concepções sobre o ensino de matemática a alunos dessa escolaridade, o ambiente de aprendizagem a ser criado em sala de aula, as interações que ocorrem nesse ambiente e a relação dialógica entre alunos-alunos e professora-alunos que possibilita a produção e a negociação de significado.

Análise de erros – O que podemos aprender com as respostas dos alunos

Autora: Helena Noronha Cury

Nesse livro, Helena Noronha Cury apresenta uma visão geral sobre a análise de erros, fazendo um retrospecto das primeiras pesquisas na área e indicando teóricos que subsidiam investigações sobre erros. A autora defende a ideia de que a análise de erros é uma abordagem de pesquisa e também uma metodologia de ensino, se for empregada em sala de aula com o objetivo de levar os alunos a questionarem suas próprias soluções. O levantamento de trabalhos sobre erros desenvolvidos no País e no exterior, apresentado na obra, poderá ser usado pelos leitores segundo seus interesses de pesquisa ou ensino. A autora apresenta sugestões de uso dos erros em sala de aula, discutindo exemplos já trabalhados por outros investigadores. Nas conclusões, a pesquisadora sugere que discussões sobre os erros dos alunos venham a ser contempladas em disciplinas de cursos de formação de professores, já que podem gerar reflexões sobre o próprio processo de aprendizagem.

Brincar e jogar – Enlaces teóricos e metodológicos no campo da educação matemática

Autor: Cristiano Alberto Muniz

Neste livro, o autor apresenta a complexa relação jogo / brincadeira e a aprendizagem matemática. Além de discutir as diferentes perspectivas da relação jogo e Educação Matemática, ele favorece uma reflexão do quanto o conceito de Matemática implica a produção da concepção de jogos para a aprendizagem, assim como o delineamento conceitual do jogo nos propicia visualizar novas possibilidades de utilização dos jogos na Educação Matemática. Entrelaçando diferentes perspectivas teóricas e metodológicas sobre o jogo, ele apresenta análises sobre produções matemáticas realizadas por crianças em processo de escolarização em jogos ditos espontâneos, fazendo um contrapondo às expectativas do educador em relação às suas potencialidades para a aprendizagem matemática. Ao trazer reflexões teóricas sobre o jogo na Educação Matemática e revelar o jogo efetivo das crianças em processo de produção matemática, a obra tanto apresenta subsídios para o desenvolvimento da investigação científica quanto para a práxis pedagógica por meio do jogo na sala de aula de Matemática.

Da etnomatemática a arte-design e matrizes cíclicas

Autor: Paulus Gerdes

Neste livro o leitor encontra uma cuidadosa discussão e diversos exemplos de como a matemática se relaciona com outras atividades humanas. Para o leitor que ainda não conhece o trabalho de Paulus Gerdes, esta publicação sintetiza uma parte considerável da obra desenvolvida pelo autor ao longo dos últimos 30 anos. E para quem já conhece as pesquisas de Paulus, aqui são abordados novos tópicos, em especial as matrizes cíclicas, ideia que supera não só a noção de que a matemática é independente de contexto e deve ser pensada como o símbolo da pureza, mas também quebra, dentro da própria matemática, barreiras entre áreas que muitas vezes são vistas de modo estanque em disciplinas da graduação em matemática ou do ensino médio.

Descobrindo a Geometria Fractal para a sala de aula

Autor: Ruy Madsen Barbosa

Nesse livro, Ruy Madsen Barbosa apresenta um estudo dos belos fractais, voltado para seu uso em sala de sula, buscando a sua introdução na Educação Matemática brasileira, fazendo bastante apelo ao visual artístico, sem prejuízo da precisão e rigor matemático. Para alcançar esse objetivo, o autor incluiu capítulos específicos, como os de criação e de exploração de fractais, de manipulação de material concreto, de relacionamento com o triângulo de Pascal, e particularmente um com recursos computacionais com softwares educacionais em uso no Brasil. A inserção de dados e comentários históricos tornam o texto de interessante leitura. Anexo ao livro é fornecido o CD-Nfract, de Francesco Artur Perrotti, para construção dos lindos fractais de Mandelbrot e Julia.

Diálogo e Aprendizagem em Educação Matemática

Autores: Helle Alro e Ole Skovsmose

Neste livro, os educadores matemáticos dinamarqueses Helle Alrø e Ole Skovsmose relacionam a qualidade do diálogo em sala de aula com a aprendizagem. Apoiados em ideias de Paulo Freire, Carl Rogers e da Educação Matemática Crítica, esses autores trazem exemplos da sala de aula para substanciar os modelos que propõem acerca das diferentes formas de comunicação na sala de aula. Este livro é mais um passo em direção à internacionalização desta coleção. Este é o terceiro título da coleção no qual autores de destaque do exterior juntam-se aos autores nacionais para debaterem as diversas tendências em Educação Matemática. Skovsmose participa ativamente da comunidade brasileira, ministrando disciplinas, participando de conferências e interagindo com estudantes e docentes do Programa de Pós-Graduação em Educação Matemática da UNESP, Rio Claro.

Didática da Matemática – Uma análise da influência francesa

Autor: Luiz Carlos Pais

Nesse livro, Luiz Carlos Pais apresenta aos leitores conceitos fundamentais de uma tendência que ficou conhecida como "Didática Francesa". Educadores matemáticos franceses na sua maioria desenvolveram um modo próprio de ver a educação centrada na questão do ensino da Matemática. Vários educadores matemáticos do Brasil adotaram alguma versão dessa tendência ao trabalharem com concepções dos alunos, com formação de professores dentre outros temas. O autor é um dos maiores especialista no País nessa tendência e o leitor verá isso ao se familiarizar com conceitos, como transposição didática, contrato didático, obstáculos epistemológicos e engenharia didática, dentre outros.

Educação Estatística – Teoria e prática em ambientes de modelagem matemática

Autores: Celso Ribeiro Campos, Maria Lúcia Lorenzetti Wodewotzki, Otávio Roberto Jacobini

Integrante da coleção Tendências em Educação Matemática, este livro traz ao leitor um estudo minucioso sobre a Educação Estatística e oferece elementos fundamentais para o ensino e a aprendizagem em sala de aula dessa disciplina, que vem se difundindo e já integra a grade curricular dos ensinos fundamental e médio. Os autores apresentam aqui o que apontam as pesquisas desse campo, além de fomentarem discussões acerca das teorias e práticas em interface com a Modelagem Matemática e a Educação Crítica.

Educação Matemática de Jovens e Adultos – Especificidades, desafios e contribuições

Autora: Maria da Conceição F. R. Fonseca

Nesse livro, Maria da Conceição F. R. Fonseca apresenta ao leitor uma visão do que é a Educação de Adultos e de que forma essa se entrelaça com a Educação Matemática. A autora traz para o leitor reflexões atuais feitas por ela e por outros educadores que são referência na área de Educação de Jovens e Adultos no País. Este quinto volume da coleção "Tendências em Educação Matemática" certamente irá impulsionar a pesquisa e a reflexão sobre o tema, fundamental para a compreensão da questão do ponto de vista social e político.

Etnomatemática – elo entre as tradições e a modernidade

Autor: Ubiratan D'Ambrosio

Nesse livro, Ubiratan D'Ambrosio apresenta seus mais recentes pensamentos sobre Etnomatemática, uma tendência da qual é um dos fundadores. Ele propicia ao leitor uma análise do papel da Matemática na Cultura Ocidental e da noção de que Matemática é apenas uma forma de Etno-Matemática. O autor discute como a análise desenvolvida é relevante para a sala de aula. Faz ainda um arrazoado de diversos trabalhos na área já desenvolvidos no País e no exterior.

Etnomatemática em movimento

Autoras: Claudia Glavam Duarte, Fernanda Wanderer, Gelsa Knijnik, Ieda Maria Giongo

Integrante da Coleção Tendências em Educação Matemática, este livro traz ao público um minucioso estudo sobre os rumos da Etnomatemática, cuja referência principal é o brasileiro Ubiratan D'Ambrosio. As ideias aqui discutidas tomam como base o desenvolvimento dos estudos etnomatemáticos e a forma como o movimento de continuidades e deslocamentos tem marcado esses trabalhos, centralmente ocupados em questionar a política do conhecimento dominante. As autoras refletem aqui sobre as discussões atuais em torno das pesquisas etnomatemáticas e o percurso tomado sobre essa vertente da Educação Matemática, desde seu surgimento, nos anos 1970, até os dias atuais.

Filosofia da Educação Matemática

Autores: Maria Aparecida Viggiani Bicudo, Antonio Vicente Marafioti Garnica

Nesse livro, Maria Bicudo e Antonio Vicente Garnica apresentam ao leitor suas ideias sobre Filosofia da Educação Matemática. Eles propiciam ao leitor a oportunidade de refletir sobre questões relativas à Filosofia da Matemática, à Filosofia da Educação e mostram as novas perguntas que definem essa tendência em Educação Matemática. Nesse livro, em vez de ver a Educação Matemática sob a ótica da Psicologia ou da própria Matemática, os autores a veem sob a ótica da Filosofia da Educação Matemática.

Formação Matemática do Professor – Licenciatura e prática docente escolar

Autores: Plinio Cavalcante Moreira e Maria Manuela M. S. David

Nesse livro, os autores levantam questões fundamentais para a formação do professor de Matemática. Que Matemática deve o professor de Matemática estudar? A acadêmica ou aquela que é ensinada na escola? A partir de perguntas como essas, os autores questionam essas opções dicotômicas e apontam um terceiro caminho a ser seguido. O livro apresenta diversos exemplos do modo como os conjuntos numéricos são trabalhados na escola e na academia. Finalmente, cabe lembrar que esta publicação inova ao integrar o livro com a internet. No site da editora www.autenticaeditora.com.br, procure por Educação Matemática, pelo título "A formação matemática do professor: licenciatura e prática docente escolar", onde o leitor pode encontrar alguns textos complementares ao livro e apresentar seus comentários, críticas e sugestões, estabelecendo, assim, um diálogo on-line com os autores.

História na Educação Matemática – propostas e desafios

Autores: Antonio Miguel e Maria Ângela Miorim

Neste livro, os autores discutem diversos temas que interessam ao educador matemático. Eles abordam História da Matemática, História da Educação Matemática e como essas duas regiões de inquérito podem se relacionar com a Educação Matemática. O leitor irá notar que eles também apresentam uma visão sobre o que é História e abordam esse difícil tema de uma forma acessível ao leitor interessado no assunto. Este décimo volume da coleção certamente transformará a visão do leitor sobre o uso de História na Educação Matemática.

Informática e Educação Matemática

Autores: Marcelo de Carvalho Borba, Miriam Godoy Penteado

Os autores tratam de maneira inovadora e consciente da presença da informática na sala de aula quando do ensino de matemática. Sem prender-se a clichês que entusiasmadamente apoiam o uso de computadores para o ensino de matemática ou criticamente negam qualquer uso desse tipo, os autores citam exemplos práticos, fundamentados em explicações teóricas objetivas, de como se pode relacionar matemática e informática em sala de aula. Tratam também de questões políticas relacionadas à adoção de computadores e calculadoras gráficas para o ensino de matemática.

Interdisciplinaridade e aprendizagem da Matemática em sala de aula

Autores: Vanessa Sena Tomaz e Maria Manuela M. S. David

Como lidar com a interdisciplinaridade no ensino da Matemática? De que forma o professor pode criar um ambiente favorável que o ajude a perceber o que e como seus alunos aprendem? Essas são algumas das questões elucidadas pelas autoras neste livro, voltado não só para os envolvidos com Educação Matemática como também para os que se interessam por educação em geral. Isso porque um dos benefícios deste trabalho é a compreensão de que a Matemática está sendo chamada a engajar-se na crescente preocupação com a formação integral do aluno como cidadão, o que chama a atenção para a necessidade de tratar o ensino da disciplina levando-se em conta a complexidade do contexto social e a riqueza da visão interdisciplinar na relação entre ensino e aprendizagem, sem deixar de lado os desafios e as dificuldades dessa prática.

Para enriquecer a leitura, as autoras apresentam algumas situações ocorridas em sala de aula que mostram diferentes abordagens interdisciplinares dos conteúdos escolares e oferecem elementos para que os professores e os formadores de professores criem formas cada vez mais produtivas de se ensinar e inserir a compreensão matemática na vida do aluno.

Investigações Matemáticas na sala de aula

Autores: João Pedro da Ponte, Joana Brocardo, Hélia Oliveira.

Neste livro, os autores analisam como que práticas de investigação desenvolvidas por matemáticos podem ser trazidas para a sala de aula. Eles mostram resultados de pesquisas ilustrando as vantagens e dificuldades de se trabalhar com tal perspectiva em Educação Matemática. Geração de conjecturas, reflexão e formalização do conhecimento são aspectos discutidos pelos autores ao analisarem os papéis de alunos e professores em sala de aula, quando lidam com problemas em áreas como geometria, estatística e aritmética.

Este livro certamente levará o leitor a outros títulos da coleção, na medida em que lida com temas como, por exemplo, o papel da informática em investigações e temas relacionados à psicologia da Educação Matemática.

Lógica e linguagem cotidiana – verdade coerência, comunicação, argumentação

Autores: Nílson José Macado e Marisa Ortegoza da Cunha

Neste livro, os autores buscam ligar as experiências vividas em nosso cotidiano a noções fundamentais tanto para a lógica como para a matemática. Através de uma linguagem acessível, o livro possui uma forte base filosófica que sustenta a apresentação sobre lógica e certamente ajudará a coleção a ir além dos muros do que hoje é denominado Educação Matemática. A bibliografia comentada permitirá que o leitor procure outras obras para aprofundar os temas de seu interesse, e um índice remissivo, no final do livro, permitirá que o leitor ache facilmente explicações sobre vocábulos como contradição, dilema, falácia, proposição e sofisma. Embora este livro seja recomendado a estudantes de cursos de graduação e de especialização, em todas as áreas, ele também se destina a um público mais amplo. Visite também o site *www.rc.unesp. br/igce/pgem/gpimem.html*

Matemática e arte

Autores: Dirceu Zaleski Filho

Neste livro, Dirceu Zaleski Filho propõe reaproximar a Matemática e a Arte no ensino. A partir de um estudo sobre a importância da relação entre essas áreas, o autor elabora aqui uma análise da contemporaneidade e oferece ao leitor uma revisão integrada da História da Matemática e da História da Arte, revelando o quão benéfica sua conciliação pode ser para o ensino.

O autor sugere aqui novos caminhos para a Educação Matemática, mostrando como a Segunda Revolução Industrial – a eletroeletrônica, no século XXI – e a arte de Paul Cézanne, Pablo Picasso e, em especial, Piet Mondrian contribuíram para essa reaproximação e como elas podem ser importantes para o ensino de Matemática em sala de aula.

Matemática e Arte é um livro imprescindível a todos os professores, alunos de graduação e de pós-graduação e, fundamentalmente, para professores da Educação Matemática.

Modelagem em Educação Matemática

Autores: Ademir Donizeti Caldeira, Ana Paula dos Santos Malheiros, João Frederico da Costa de Azevedo Meyer

A partir de pesquisas e da experiência adquirida em sala de aula, os autores deste livro oferecem aos leitores reflexões sobre aspectos da

Modelagem e suas relações com a Educação Matemática. Esta obra mostra como esta disciplina pode funcionar como uma estratégia na qual o aluno ocupa lugar central na escolha de seu currículo.

Os autores também apresentam aqui a trajetória histórica da Modelagem e provocam discussões sobre suas relações, possibilidades e perspectivas em sala de aula, sobre diversos paradigmas educacionais e sobre a formação de professores. Para eles, a Modelagem deve ser datada, dinâmica, dialógica e diversa. A presente obra oferece um minucioso estudo sobre as bases teóricas e práticas da Modelagem e, sobretudo, a aproxima dos professores e alunos de Matemática.

O uso da calculadora nos anos iniciais do ensino fundamental

Autoras: Ana Coelho Vieira Selva e Rute Elizabete de Souza Borba

Neste livro, Ana Selva e Rute Borba abordam o uso da calculadora em sala de aula, desmistificando preconceitos e demonstrando a grande contribuição desta ferramenta para o processo de aprendizagem da Matemática. As autoras apresentam pesquisas, analisam propostas de uso da calculadora em livros didáticos e descrevem experiências inovadoras em sala de aula em que a calculadora possibilitou avanços nos conhecimentos matemáticos dos estudantes dos anos iniciais do Ensino Fundamental. Trazem também diversas sugestões de uso da calculadora na sala de aula que podem contribuir para um novo olhar por parte dos professores para o uso desta ferramenta no cotidiano da escola.

Pesquisa Qualitativa em Educação Matemática

Organizadores: Marcelo de Carvalho Borba e Jussara de Loiola Araújo

Os autores apresentam, neste livro, algumas das principais tendências no que tem sido denominado Pesquisa Qualitativa em Educação Matemática. Essa visão de pesquisa está baseada na ideia de que há sempre um aspecto subjetivo no conhecimento produzido. Não há, nessa visão, neutralidade no conhecimento que se constrói. Os quatro capítulos explicam quatro linhas de pesquisa em Educação Matemática, na vertente qualitativa, que são representativas do que de importante vem sendo feito no Brasil. São capítulos que revelam a originalidade de seus autores na criação de novas direções de pesquisa.

Psicologia na Educação Matemática

Autor: Jorge Tarcísio da Rocha Falcão

Neste livro, o autor apresenta ao leitor a Psicologia da Educação Matemática embasando sua visão em duas partes. Na primeira, ele discute temas como psicologia do desenvolvimento, psicologia escolar e da aprendizagem, mostrando como um novo domínio emerge dentro dessas áreas mais tradicionais. Em segundo lugar, são apresentados resultados de pesquisa fazendo a conexão com a prática daqueles que militam na sala de aula. O autor defende a especificidade deste novo domínio, na medida em que é relevante considerar o objeto da aprendizagem, e sugere que a leitura deste livro seja complementada por outros dessa coleção, como *Didática da Matemática: uma análise da influência francesa*, *Informática e Educação Matemática* e *Filosofia da Educação Matemática*.

Relações de gênero, Educação Matemática e discurso – enunciados sobre mulheres, homens e matemática

Autoras: Maria Celeste Reis Fernandes de Souza, Maria da Conceição F. R. Fonseca

Neste livro, as autoras nos convidam a refletir sobre o modo como as relações de gênero permeiam as práticas educativas, em particular as que se constituem no âmbito da Educação Matemática. Destacando o caráter discursivo dessas relações, a obra entrelaça os conceitos de gênero, discurso e numeramento para discutir enunciados envolvendo mulheres, homens e matemática. As autoras elegeram quatro enunciados que circulam recorrentemente em diversas práticas sociais: "Homem é melhor em matemática (do que mulher)"; "Mulher cuida melhor... mas precisa ser cuidada"; "O que é escrito vale mais" e "Mulher também tem direitos". A análise que elas propõem aqui mostra como os discursos sobre relações de gênero e matemática repercutem e produzem desigualdades, impregnando um amplo espectro de experiências que abrange aspectos afetivos e laborais da vida doméstica, relações de trabalho e modos de produção, produtos e estratégias da mídia, instâncias e preceitos legais e o cotidiano escolar.

Tendências Internacionais em Formação de Professores de Matemática

Autor: Marcelo de Carvalho Borba (Org.)

Neste livro, alguns dos mais importantes pesquisadores em Educação Matemática, que trabalham em países como África do Sul, Estados Unidos, Israel, Dinamarca e diversas Ilhas do Pacífico, nos trazem resultados dos trabalhos desenvolvidos. Estes resultados e os dilemas apresentados por esses autores de renome internacional são complementados pelos comentários que Marcelo Borba faz na apresentação, buscando relacionar as experiências deles com aquelas vividas por nós no Brasil. Borba aproveita também para propor alguns problemas em aberto, que não foram tratados por eles, além de destacar um exemplo de investigação sobre a formação de professores de Matemática que foi desenvolvida no Brasil.

Este livro foi composto com tipografia Palatino e impresso
em papel Off Set 75 g/m² na Formato Artes Gráficas.